Russell | Die Zukunft des Pazifismus

[Was bedeutet das alles?]

Bertrand Russell

Die Zukunft des Pazifismus

Aus dem Englischen übersetzt von Valerie Gföhler

Herausgegeben und mit einem Nachwort
von Olaf L. Müller

Reclam

RECLAMS UNIVERSAL-BIBLIOTHEK Nr. 14353
2023 Philipp Reclam jun. Verlag GmbH,
Siemensstraße 32, 71254 Ditzingen
Gestaltung: Cornelia Feyll, Friedrich Forssman
Druck und Bindung: Druckerei C.H.Beck,
Bergerstraße 3–5, 86720 Nördlingen
Printed in Germany 2023
RECLAM, UNIVERSAL-BIBLIOTHEK und
RECLAMS UNIVERSAL-BIBLIOTHEK sind eingetragene Marken
der Philipp Reclam jun. GmbH & Co. KG, Stuttgart
ISBN 978-3-15-014353-7
www.reclam.de

FSC
www.fsc.org
MIX
Papier aus verantwortungsvollen Quellen
FSC® C019821

Inhalt

Die Zukunft des Pazifismus

Bertrand Russell

Der Begriff »Pazifismus« wird in verschiedenen Bedeutungen verwendet, und bevor hier mit diesem Begriff verbundene grundlegende Probleme diskutiert werden, tun wir gut daran, bestimmte sprachliche Unklarheiten aus dem Weg zu schaffen.

»Absoluter Pazifismus« bezeichnet die Doktrin, dass es unter allen Umständen falsch ist, menschliches Leben – oder sogar Tierleben, zumindest einigen zufolge – zu nehmen. Sie kann auch ein Einspruch gegen jegliche Gewaltanwendung sein, sogar dann, wenn vor dem Töten selbst haltgemacht wird. Diese Doktrin wurde von Tolstoi vertreten und wird von Gandhi hochgehalten. Sie gehörte zu den Glaubenssätzen der Quäker und wird auch nach wie vor von einigen Sekten hochgehalten. Bei den Christen findet sie sich im Gebot »Du sollst nicht töten«. Das Gebot besagt nicht, man müsse nur schlechte Menschen oder nur nach geltendem Gesetz töten oder nur in einem Akt der Verteidigung deines Landes. Es sagt schlicht und einfach »Du sollst nicht töten«. Jene, die die Bibel als das Wort Gottes ansehen, sind daher widersprüchlich, wenn sie bestimmte Arten des Tötens zulassen. Die Bergpredigt verstärkt die Position des absoluten Pazifismus für jene, deren moralisches System auf der Bibel basiert, indem sie ihnen Widerstandslosigkeit einimpft.

Die Doktrin der Gewaltfreiheit, die in Indien umfassend praktiziert wird, kann auf anderem Boden als dem religiösen verteidigt werden. Unter bestimmten Umständen stellt sie die beste Form der Realpolitik dar. Diese Umstände sind gegeben, wenn eine Partei unbewaffnet und entschlossen ist, während die gegnerische Partei bewaffnet, aber unentschlossen ist. Menschen zu ermorden, die keinen Widerstand leisten, ist eine scheußliche Angelegenheit, und anstatt zu beharren, werden anständige Männer eher nachgeben. Wenn der Feind jedoch entschlossen und gewaltsam ist, ist diese Methode nicht erfolgreich. Die Kirche verfolgte Häretiker und Juden unablässig, selbst dann, wenn sie keinen Versuch des bewaffneten Widerstands unternahmen. Würden die Japaner Indien erobern, so würden sie kurzen Prozess mit jeder Widerstandsbewegung von Gandhis Anhängern machen. Absoluter Pazifismus unterliegt daher als Methode, um die eigenen Ziele zu erreichen, sehr strengen Einschränkungen.

Er kann allerdings auf andere Weise verteidigt werden, nämlich darin, dass die Übel des Kriegs die Übel der Niederlage aufwiegen. Ich selbst hielt an dieser Ansicht in Hinblick auf die meisten, jedoch niemals in Hinblick auf alle Kriege fest. Ich war der Überzeugung, und bin es immer noch, dass die Schrecken, die mit dem Krieg von 1914 bis 1918 einhergingen, entsetzlicher waren als die Übel, die sich daraus ergeben hätten, dem Kaiser jene Zugeständnisse zu machen, die den Krieg abgewendet hätten. Doch war ich während des letzten Kriegs der Überzeugung und bin es immer noch, dass einige Kriege es wert sind, geführt zu werden. Ich führte damals den amerikanischen Unabhängigkeitskrieg als Beispiel an, nun sollte ich den gegenwärtigen Krieg hinzufügen.

»Relativer Pazifismus« ist die Doktrin, dass nur *sehr wenige* Kriege es wert sind, ausgetragen zu werden, und die Übel des Kriegs *fast* immer schlimmer sind, als sie den aufgeheizten Bevölkerungen bei Kriegsausbruch erscheinen. Die Doktrin kann weitergehen und dazu mahnen, dass dort, wo Kriege häufig und schwerwiegend sind, ein zivilisiertes und menschenwürdiges Leben kaum fortbestehen kann. Auf dieser Grundlage wird der relative Pazifist betonen, wie wichtig es ist, Mechanismen zu schaffen, mit deren Hilfe sich die Wahrscheinlichkeit minimieren lässt, dass große Kriege eintreten.

Es gibt eine weitere wichtige Unterscheidung, nämlich jene zwischen individuellem und politischem Pazifismus. Der individuelle Pazifist sagt: Unabhängig davon, was meine Regierung mir befehlen mag: Ich selbst werde nicht kämpfen. Der politische Pazifist zielt im Gegensatz dazu darauf ab, seine Regierung aus einem Krieg herauszuhalten. Einige religiöse Sekten können nicht politische Pazifisten genannt werden, obwohl sie individuelle Pazifisten sind, weil sie es als falsch ansehen, an Politik teilzuhaben. Umgekehrt sehen viele Männer es als ihre Pflicht an, an einem Krieg teilzunehmen, sobald er eingetreten ist, auch wenn sie sich zuvor stark dafür eingesetzt haben, ihr Land daran zu hindern, in den Krieg zu ziehen.

Während wir über die Zukunft des Pazifismus nachdenken, müssen wir unterscheiden, um welche Art von Pazifismus es sich gerade handelt. Ich selbst halte für den nützlichsten Pazifismus – und auch denjenigen, der am wahrscheinlichsten Einfluss haben wird – den relativen politischen Pazifismus. Entsprechend dieser Ansicht gibt es Gründe, wenn auch nur sehr wenige, für die es sich zu kämpfen lohnt. Doch was auch immer der Grund und wie gerechtfertigt der Krieg auch sein mag, bringt Krieg derart große Übel mit sich, dass es von immenser Wichtigkeit ist, andere Wege als Krieg zu finden, um die Dinge, für die es sich zu kämpfen lohnt, zu sichern. Meiner Meinung nach ist es wert, zu kämpfen, um zu verhindern, dass England und Amerika von den Nazis erobert werden, doch wäre es viel besser, dieses Ziel könne ohne Krieg erreicht werden.

Dafür sind zwei Dinge notwendig. Erstens, die Schaffung einer internationalen Regierung, die ein Monopol über die Streitkräfte besitzt und jedem Land die Freiheit sichert, vor Angriffen bewahrt zu werden. Zweitens, Kriege (außer Bürgerkriege) sind nur dann gerechtfertigt, wenn sie zur Verteidigung des von einer Weltregierung etablierten internationalen Rechts dienen. (Die Frage der Bürgerkriege weist besondere Schwierigkeiten auf, zu denen ich gleich kommen werde.) Wenn eine solche Weltregierung erst einmal aufgestellt wäre, würde es ein klares Kriterium dafür geben, welche Kriege unterstützt werden sollten.

In der Zwischenzeit sind wir, solange noch keine Weltregierung existiert, dazu angehalten, ein anderes Kriterium zu suchen. Wir können nicht einfach sagen, dass wir jene Seite unterstützen, die im Falle eines Sieges am ehesten eine Weltregierung aufstellen würde. Hitler würde, im Falle eines Sieges, Weltherrscher werden, doch würde uns seine Regierung missfallen, wie weit auch immer ihr Machtbereich ausgedehnt wäre. Die Weltregierung muss sich auf Gerechtigkeit gründen, auf Respektierung von nationaler Freiheit innerhalb der Grenzen, die die Existenz einer Weltregierung zulässt, und in der Bestrebung, die durch Ungerechtigkeit hervorgebrachten Ressentiments zu vermeiden, die eine Rebellion gegen die

Weltregierung fördern könnten. Wir sollten nicht auf irgendeine beliebige Weltregierung hinarbeiten, sondern auf eine Weltregierung, die diese Ziele im Auge behält. Sollte dieses Ziel durch einen Sieg der Alliierten umgesetzt werden können, würde dies einen entscheidenden Grund dafür liefern, diese zu unterstützen. Doch selbst wenn am Ende des Kriegs keine Weltregierung gebildet werden sollte, betrachte ich den Krieg dennoch aufgrund seines Motivs, Tyrannei und Angriff zu widerstehen, als gerechtfertigt. Die Folgen unseres Sieges sind wohl selbst im schlimmsten Fall bei Weitem nicht so schädlich wie ein Sieg der Nazis und der japanischen Militaristen.

Der politische Pazifist wird sagen: Es ist wichtig, Kriege zu verhindern, doch können sie nicht dadurch verhindert werden, dass einfach nur eine Weigerung kundgetan wird, in den Krieg zu ziehen. Das war der Fehler, den die Anhänger der Appeasement-Politik und des Isolationismus in Großbritannien bzw. Amerika machten. Das Ergebnis war eine stetige Zunahme der Kriegsprovokationen, bis diese Provokationen schließlich unerträglich wurden und der Krieg ausbrach. Wenn Krieg verhindert werden soll, dann muss es eine klar ausgedrückte Bereitschaft geben, für die richtigen, jedoch für keine anderen Ziele außer diesen in den Krieg zu ziehen. Diese Ziele sollten der Widerstand gegen Angriffe überall und gegen jeden sein, und sobald als möglich sollte dieser Zweck eine angemessene Organisation in einer Weltregierung erhalten. Es wird nur dann weniger Kriege geben, wenn es jenseits jeglichen berechtigten Zweifels offenkundig wird, dass, in welchem Krieg auch immer, die angreifende Partei am Ende zerschlagen werden wird.

Die Frage des Bürgerkriegs (und das schließt Revolution mit ein) bleibt noch unbehandelt. Die Einstellung der Vereinigten Staaten zu diesem Thema ist einigermaßen sonderbar. Deren Regierung ist auf dem Widerstandsrecht gegründet. Selbst die D. A. R.[1] bezeugt, wie der Name nahelegt, dass es einst eine gerechtfertigte Revolution gab. Diese Lehre lässt sich jedoch nur auf die Vergangenheit anwenden. In der Gegenwart ist kein Fremder zur Einbürgerung zugelassen, außer er ist gewillt, zu schwören, dass er gegen den Sturz jeder Regierung – sogar jener Hitlers – durch Zwang und Gewalttätigkeit ist. Zugleich muss er schwören, dass er Zwang und Gewalt anwenden wird, um eine Regierung zu stürzen, wenn die Regie-

1 Anm. d. Übers./Hrsg.: *D. A. R.:* Daughters of the American Revolution (›Töchter der Amerikanischen Revolution‹), eine Frauenvereinigung in den USA, die das Erbe der amerikanischen Revolution von 1776 unter dem Motto »God, Home, and Country« (›Gott, Heimat und Vaterland‹) hochzuhalten versucht.

rung der Vereinigten Staaten Amerikas dies von ihm verlangt. Somit sind alle Immigranten per Gesetz dazu gezwungen, einen Meineid zu begehen.

Das Recht auf Widerstand war und ist unter bestimmten Umständen immer noch ein wichtiges Recht. Wir sollten alle froh darüber sein, wenn wir eine Revolution gegen die Nazis in Deutschland oder gegen Vichy in Frankreich erleben sollten. Äußerst wenige Menschen würden daran festhalten, dass Frankreich noch unter der Herrschaft der Bourbonen oder Russland unter der der Romanows verbleiben sollten, und doch hätte man sich außer durch eine Revolution ihrer nicht entledigen können. Zugleich gibt es sowohl schlechte als auch gute Revolutionen; Mussolini, Hitler und Franco liefern den sichtbaren Beweis dafür. Eine Weltregierung wäre in ihrer Rolle nicht zufriedenstellend, ließe sie faschistische Aufstände in den verschiedenen Ländern zu, über die sie nominale Herrschaft hat. Meiner Meinung nach können wir durchaus behaupten, dass eine gerechtfertigte Revolution die Unterstützung der Mehrheit hat, während eine ungerechtfertigte eine Tyrannei der Wenigen anstrebt. In diesem Fall kann die Notwendigkeit, eine Revolution zuzulassen, umgangen werden, indem ein Mechanismus geschaffen wird, der eine Änderung der Regierungsform ermöglicht, sollte diese von der Mehrheit in einer von der Weltregierung durchgeführten Volksabstimmung verlangt werden. Eine solche Volksabstimmung sollte dann stattfinden, wenn nach ihr verlangt wird. Andernfalls ist es sehr wahrscheinlich, dass es zu einer Revolte kommt. Angesichts einer solchen Regelung hätte die Weltregierung sowohl das Recht als auch die Verpflichtung dazu, Revolutionen zu verbieten.

Es bleibt jedenfalls ein schwieriges Problem bestehen, mit dem eine Weltregierung umzugehen haben wird. Ich meine das Problem der Minderheiten. Dieses Problem zeigt sich in zwei Formen, je nachdem, ob die betreffende Minderheit geographisch konzentriert ist oder nicht. Sollte dies der Fall sein, ist das Problem relativ einfach zu lösen. Ihm kann damit begegnet werden, dass der Minderheitengruppe eine lokale Autonomie oder, falls notwendig, eine Quasiunabhängigkeit gewährt wird. Vor 1922 bildeten die Iren in Großbritannien eine Minderheitengruppe. Sie hatten dasselbe Recht, zu wählen und Mitglieder ins Parlament zu entsenden, wie es anderen Bürgern zustand, doch da ihre gewählten Repräsentanten fast immer in der parlamentarischen Minderzahl waren, war dieser Rechtsanspruch mehr oder weniger illusorisch. Diesem Problem wurde damit begegnet, dass der Staat Eire begründet wurde. Im Grunde wird das gleiche Problem in Indien aufkommen, sobald Indien Freiheit erlangt haben wird. Die Muslime bilden eine Minderheit und die meisten von ihnen wehren sich dagegen, von Hindus regiert zu werden. Es ist klar ersichtlich, dass sie denselben Anspruch auf Unabhängigkeit von den Hindus haben wie die Hindus auf die Unabhängigkeit von den Briten. Die Weltregierung wird solche ethnischen und religiösen Minderheiten berücksichtigen und zu einem größeren oder kleineren Grad einer geographischen Minderheit lokale Autonomie gewähren müssen, wenn diese es verlangt. Doch eine solche lokale Autonomie sollte innerhalb einer Föderation bestehen, der bestimmte Rechte vorbehalten werden sollten.

Das Problem der Minderheiten, die geographisch nicht an einem Ort konzentriert sind, gestaltet sich schwieriger. Am bekanntesten ist hier natürlich das Beispiel der Juden. Meiner Meinung nach sollte die Weltregierung jegliche legale Diskriminierung einer Minderheit verbieten, mit der Ausnahme politischer Gruppierungen, die Verrat an ihrer nationalen Regierung oder an der Weltregierung anstreben. Gesetze, die sich gegen Juden als solche oder Schwarze als solche richten, sollten im Vorhinein als gegen die Verfassung der Weltföderation gerichtet erklärt werden. Zweifelsohne können solche Maßnahmen zu einem gewissen Grad umgangen werden. Sollte beispielsweise ein bestimmter Bildungsstand als Voraussetzung für die Ausübung des Wahlrechts eingeführt werden, so könnte es sich in der Praxis herausstellen,[2] dass selbst die gebildetsten Schwarzen den Test nicht bestehen. Doch in solchen Fällen sollte, wenn diese ausreichend augenfällig werden, ein Rechtseinspruch bei den internationalen Gerichten verhandelt werden können.

Der politische Pazifist ist jemand, der entsprechende Institutionen schaffen möchte, die Kriege möglichst unwahrscheinlich machen sollen. Die Schlussfolgerung, zu der wir gekommen sind, lautet, dass er eine Weltregierung bevorzugen würde, die die folgenden Funktionen ausführen soll: Erstens soll sie ein Monopol über die wichtigeren Kriegswaffen besitzen – Flugzeuge, Schlachtschiffe, Panzer, schwere Waffen usw. Zweitens soll sie sich dazu verpflichten, gegen jeden Staat in den Krieg zu ziehen, der vom Weltgericht zum Aggressor erklärt wird. Drittens soll sie dann in interne Konflikte eines Staates eingreifen, wenn sie von einer ausreichenden Minderheit dazu

2 Anm. des Übers./Hrsg.: Diese Passage ist keineswegs rassistisch gemeint. Russell wollte anscheinend exemplarisch am Beispiel des Wahlrechts aufzeigen, wie leicht es rassistischen Mehrheiten in einer Gesellschaft fallen mag, die Rechte der fraglichen Minderheit mithilfe fragwürdiger Tricks auszukontern (wie es auch in unserer Zeit immer wieder geschieht). Man könnte also ergänzen »so könnte es sich aufgrund eines ungerechten Bildungssystems in der Praxis herausstellen, dass«.

aufgerufen wird, wenn ihrer Meinung nach die Wahrscheinlichkeit eines Bürgerkriegs besteht oder wenn eine Minderheit gewaltsam und illegal die Macht übernommen hat. Doch ein solches Einschreiten soll in Einklang mit zuvor in einem internationalen Gesetz festgelegten Regeln stehen, die die Förderung und Erhaltung der Demokratie sowie der Minderheitenrechte zum Gegenstand haben. Die Schaffung einer solchen Weltregierung ist nicht so weit vom Bereich der Realpolitik entfernt, wie viele vermuten mögen. Sie stellt die einzige Möglichkeit dar, große Kriege unwahrscheinlich zu machen, und die Welt wird dies nach dem nächsten Weltkrieg begreifen, selbst wenn sie es jetzt noch nicht erkennen kann.

Ich komme nun zur Frage des individuellen Pazifismus. Diese Frage hat zwei Seiten. Erstens: Was soll ein individueller Pazifist tun? Und zweitens: Was soll seine Regierung mit ihm tun?

Es gibt jene, die darauf beharren, dass ein Mensch selbst dann dem Gesetz gehorchen sollte, wenn sein Gewissen ihm gebietet, dass das, was das Gesetz vorschreibt, schlecht ist – jedenfalls dort, würden manche hinzufügen, wo die Regierung demokratisch ist. Ich kann diese Ansicht nicht teilen. Die Bereitschaft, zugunsten des Gewissens der Strafe zu trotzen, ist eine wertvolle Eigenschaft und ich würde es sehr bedauern, sollte sie zugunsten eines sklavischen Gehorsams der Herde gegenüber verschwinden. Während des letzten Kriegs war ich bereits nicht mehr im wehrfähigen Alter, stellte aber klar, dass ich, wäre ich im wehrfähigen Alter gewesen, ein Kriegsdienstverweigerer gewesen wäre. In diesem Krieg stimme ich nicht mit den Meinungen jener, die Kriegsdienstverweigerer sind, überein, doch verstehe ich sie dennoch als wertvolles Element der Gemeinschaft. Ich würde vielleicht anders empfinden, wenn sie zahlreich genug wären, um die Chancen auf den Sieg ernsthaft zu mindern, aber das sind sie nicht. Die Einförmigkeit der Meinungen ist ein Übel, und es sollte erstrebenswert sein, dass einige selbst dann eine bestimmte Meinung vertreten, wenn es katastrophal wäre, würden viele dieser Meinung sein. Vor diesem Hintergrund respektiere ich einen Mann, der nach reiflicher Überlegung ernsthaft davon überzeugt ist, dass er sich nicht an einem Krieg beteiligen sollte, unabhängig davon, welche Sanktionen dies zur Folge haben mag.

Die Frage, welche Haltung die Regierung gegenüber Pazifisten einnehmen sollte, ist schwieriger zu beantworten. Wer in den Kampf zieht, nimmt ein großes Risiko auf sich, zu sterben oder versehrt zu werden oder große Entbehrungen zu erleiden. Ließe man Kriegsdienstverweigerer einfach in Ruhe, würden viele bloße Drückeberger plötzlich ein Gewissen entwickeln. Es ist schwierig, die Aufrichtigkeit eines

Menschen genau zu überprüfen, es sei denn dort, wo jemand bereits lange Zeit ein Teil einer organisierten Gruppe von Pazifisten, wie etwa die Quäker, ist. Die Regierung hat, so meine ich, ein Recht darauf, irgendeine Form von Dienst einzufordern, und die meisten Kriegsdienstverweigerer sind gewillt, entsprechende Arbeiten zu übernehmen, wie etwa die bei Angriffen entstandenen Feuerbrände zu bekämpfen – und das war in England während der schlimmsten Phase[3] zumindest ebenso gefährlich wie der Militärdienst. Für diejenigen, die einer kriegsführenden Regierung keinerlei Dienst leisten wollen, ist es schwierig, straffreie Alternativen zu finden; die Strafe sollte jedoch nicht dermaßen hart ausfallen, dass sie deren künftige Nützlichkeit beeinträchtigt.

Individueller Pazifismus ist heute in der modernen Welt meiner Ansicht nach sehr viel weniger bedeutend als der politische Pazifismus. Angesichts der modernen Methoden der öffentlichen Propaganda ist eine weite Verbreitung unwahrscheinlich und wird daher nichts oder fast nichts bewirken, um einen Krieg zu verhindern. Der Schrecken des Kriegs, der Männer zu individuellen Pazifisten macht, kann meiner Meinung nach fruchtbarer gemacht werden, indem Mög-

3 Anm. d. Übers./Hrsg.: Gemeint ist die Kriegsphase des Luftkriegs um England und der Bombardierung der Städte durch Nazi-Deutschland.

lichkeiten erdacht und deren Umsetzung unterstützt werden, Krieg zu verhindern, ohne Ungerechtigkeit und Unterdrückung zu ermutigen, anstatt ihn mit der ziemlich unfruchtbaren persönlichen Heiligkeit eines unbefleckten Gewissens in einer Welt voller vermeidbarer Übel abzugelten. Das Wichtigste ist, große Kriege zu beenden, und zu diesem Ziel können wir nicht durch individuelle Zurückhaltung beitragen, sondern indem wir dabei helfen, ein internationales Recht zu schaffen, das durch eine unüberwindliche Weltregierung durchgesetzt wird.

Anhang

Zu dieser Ausgabe

Grundlage der Übersetzung ist die Erstveröffentlichung des Aufsatzes:

> Bertrand Russell: The Future of Pacifism. In: The American Scholar 13 (1943/44) Nr. 1. S. 7–13.

Valerie Gföhler übersetzte Russells Essay und unterstützte den Herausgeber bei der Übersetzung der englischsprachigen Zitate im 13. Abschnitt des Nachworts dieser Ausgabe.

Literaturhinweise

Einstein, Albert: On Peace. New York 1960. Dt.: Über den Frieden. Weltordnung oder Weltuntergang? Hrsg. von Otto Nathan und Heinz Norden. Vorw. von Bertrand Russell. Übers. von Will Schaber. Köln 2004.

Frege, Gottlob: Grundgesetze der Arithmetik. Begriffsschriftlich abgeleitet. Bd. 1. Jena 1893.

Greiner, Bernd: Kuba-Krise. 13 Tage im Oktober: Analyse, Dokumente, Zeitzeugen. Nördlingen 1988.

Monk, Ray: Ludwig Wittgenstein. The Duty of Genius. London 1990.

– Bertrand Russell. The Spirit of Solitude. London 1996.

– Bertrand Russell. 1921–70. The Ghost of Madness. London 2000.

Müller, Olaf: Pazifismus. Eine Verteidigung. Stuttgart 2022.

Plokhy, Serhii: Nuclear Folly. New York 2021.

Pommerin, Reiner: Die Kubakrise 1962. Stuttgart 2022.

Russell, Bertrand: On Denoting. In: Mind XIV (1905) Nr. 4. S. 479–493. Dt.: Über das Kennzeichnen. In: B. R.: Philosophische und politische Aufsätze. Hrsg. von Ulrich Steinvorth. Stuttgart 1971. S. 3–22.

– The Ethics of War [1915]. In: B. R.: Justice in War Time. Nottingham 1917. S. 19–37.

– Mysterious Girl Brings Russell's Peace Plea Here. In: The New York Times 66. (23. 12. 1916.) Nr. 21518. S. 1, 3.

– Soviet Russia 1920. In: The Nation 111. (31. 7. 1920.) Nr. 2874. S. 121–126.

– Marriage and Morals. New York 1929. Dt.: Ehe und Moral. Übers. von U. C. A. Krebs. Darmstadt [2]1984.

– In Praise of Idleness. London 1935. Dt.: Lob des Müßiggangs. Übers. von Elisabeth Fischer-Wernecke. Wien 1989.

– Which Way to Peace? London 1936.

– The Future of Pacifism. In: The American Scholar 13 (1943/44) Nr. 1. S. 7–13.

– Unpopular Essays. London 1950. Dt.: Unpopuläre Betrachtungen. Übers. von Ernst Doblhofer. Zürich 1951.

– Man's Peril [1954]. In: B. R.: Portraits from Memory. And Other Essays. London 2021. S. 199–204.
– Portraits from Memory. And Other Essays [1956]. London 2021.
– Why I Am Not a Christian. London 1957. Dt.: Warum ich kein Christ bin. Übers. von Marion Steipe. Hrsg. von Paul Edwards. München 1963.
– Unarmed Victory. London 1963.
Autobiographie I. 1872–1914 [1967]. Übers. von Harry Kahn. Frankfurt a. M. 1972.
– Autobiographie II. 1914–1944 [1968]. Übers. von Julia Kirchner. Frankfurt a. M. 1973.
– Autobiographie III. 1944–1967 [1969]. Übers. von Rudolf Weys. Frankfurt a. M. 1974.
– / Whitehead, Alfred North: Principia Mathematica. Cambridge 1910–1913.
Schwelien, Michael: Wer ist der letzte Genosse? In: Die Zeit 14 (27. 3. 1992) S. 13–16.

Friedensethische Klassiker des 20. Jahrhunderts

Afheldt, Horst: Defensive Verteidigung. Reinbek b. Hamburg 1983 [u. ö].
[In diesem Buch aus den Hochzeiten der Friedensbewegung werden Vorschläge dazu unterbreitet, wie eine militärische Streitmacht aufgebaut sein müsste, die einen potentiellen Gegner vom Angriff abzuschrecken vermag, ohne selber von diesem Gegner als aggressive Bedrohung wahrgenommen werden zu können. Obwohl das Buch keine pazifistische Position im engeren Sinne bietet, eignet es sich immer noch dazu, Auswege aus der gängigen Militärlogik kennenzulernen.]
Bonhoeffer, Dietrich: Kirche und Völkerwelt [1934]. In D. B.: Werke 13. Hrsg. von Hans Goedeking. Gütersloh 1994. S. 298–301.
[Rede vom 28. 8. 1934 als entschiedenes Plädoyer für Verzicht auf Krieg, und zwar auch dann, wenn dieser Krieg sich gegen menschenverachtende Gewaltherrschaft wendet.]

Gandhi, Mahatma: Die Stimme der Wahrheit. Ausgewählte Werke in fünf Bänden. Bd. 4. Übers. von Wolfgang Sternstein. Göttingen 2011.

[Die Stimme der Wahrheit, im Original »Satygraha«, könnte auch mit dem Ausdruck ›Gütekraft‹ übersetzt werden – eine radikale Lehre der Gewaltlosigkeit, deren Kraftquelle einerseits eine Transzendenzerfahrung ist, also auch darauf beruht, dass irdischen Belangen alleine nicht immer das letzte Wort gebührt. Andererseits beruht die Stärke des Satygraha à la Gandhi auch auf den Erfolgen, die sich mithilfe dieser gewaltfreien Lehre erringen ließen. In Band 4 finden sich wichtige kürzere Texte zu Gandhis weltanschaulichem Hintergrund und zu dessen Übersetzung in gewaltfreie Aktion. Besonders provokant sind aus heutiger Sicht die Empfehlungen Gandhis aus den Jahren 1938 und 1939 dazu, wie jüdische Zeitgenossen seiner Ansicht nach auf Hitlers Verbrechen reagieren sollten (S. 315–331). Vor einem rein säkularen Hintergrund wird man diese Aussagen unerträglich finden, aber vielleicht lohnt sich gerade deshalb der Versuch, Gandhis Haltung zumindest zu verstehen.]

Tugendhat, Ernst: Nachdenken über die Atomkriegsgefahr und warum man sie nicht sieht. Berlin 1986.

[In diesen Aufsätzen aus den 1980er Jahren zeigt einer der bedeutendsten deutschsprachigen Philosophen der Nachkriegszeit, wie irrational die Drohung mit Atomkrieg ist.]

Vernunft, Mut, Wahrheit und Liebe: Der Jahrhundertpazifist Bertrand Russell

Von Olaf L. Müller

> »Meinungen über das Thema Krieg und Frieden entspringen eher dem Gefühl und nicht so sehr dem Nachdenken. Wer das emotionale Temperament einer Person kennt, kann recht gut voraussagen, welche Überzeugungen sie sowohl über Krieg im allgemeinen als auch über irgendeinen bestimmten Krieg haben wird, der zu ihren Lebzeiten ausbricht. So wie bei anderen ethischen Fragen sind auch hier Gefühle und Emotionen grundlegend. Alles, was das Denken tun kann, besteht darin, unsere Gefühle über den Krieg klarer auszudrücken und sie miteinander in Einklang zu bringen. Eben dieser Klärung und Harmonisierung meiner eigenen Gefühle dienen die folgenden Zeilen«.[1]

1. Kindheit und Schicksalsschläge

Bertrand Russell wurde am 18. Mai 1872 geboren und starb am 2. Februar 1970: Sein Leben umfasst mit fast 98 Jahren die Zeit vom Viktorianischen Zeitalter bis zu den Tagen der Proteste gegen den Vietnamkrieg.

Seine Eltern gehörten zur intellektuellen Avantgarde ihrer Zeit, sein Patenonkel war der berühmte Philosoph John Stuart Mill (1806–1873), sein Großvater hatte es bis zum Premierminister gebracht.

1 Russell 1915/1917, S. 19.

Dem Kleinkind war keine unbeschwerte Kindheit beschieden; in kürzester Folge starben erst seine Mutter, dann die ältere Schwester (beide an Diphterie) und zuletzt der Vater. Als dreijährige Vollwaise wuchs der junge Russell mit dem älteren Bruder Frank bei seiner viktorianischen Großmutter in einer frömmlerischen Atmosphäre auf, die ihm die Luft zum Atmen raubte und ihn in die Isolation trieb.

Dafür hatten ihm die Götter einen Geist in die Wiege gelegt, der später zu den schärfsten und scharfzüngigsten in ganz England zählte. Mit Vorliebe stritt er gegen engstirnige Religiosität.[2] Nicht nur bei diesem Thema zeigte sich seine überbordende Intelligenz, die ihn zeitlebens spotten ließ über Borniertheit, Dogmatismus und Ideologie jedweder Richtung.

Zunächst sammelte er an der Universität mit Leichtigkeit akademische Meriten. Cambrigde war wie gemacht für ihn: ein Freiraum für Exzentriker, radikale Denker und Faulenzer. Russell genoss das Leben in Cambridge aus vollen Zügen. Nach quälend langen Jahren ohne jeden Gesprächspartner mit ähnlichen Interessen stürzte er sich in den Trubel. Er besuchte Vorlesungen zur Mathematik, studierte Philosophie und arbeitete sich am Trinity College zum Lecturer hoch, durfte Vorlesungen halten.

2 Wohl am bekanntesten wurde Russells *Warum ich kein Christ bin* (1957/1963).

Bertrand Russell (um 1907)

Gottlob Frege (um 1879)

2. Philosophische Errungenschaften

Besonders zwei frühe Erfolge machten ihn in Philosophenkreisen berühmt. Der Logiker und Philosoph Gottlob Frege (1848–1925) aus Jena hatte die Mathematik auf den festen Grund der Mengenlehre stellen wollen und dafür eine völlig neue Logik aus dem Boden gestampft. Nachdem 1893 der erste Band seiner *Grundgesetze der Arithmetik* mit einem brillanten Gewirr an Formeln erschienen war und nahezu jeden Leser überfordert hatte, fiel Russell ein innerer Widerspruch auf, der in der damals neuen Mengenlehre versteckt lag.

Das Problem wurde als »Russells Antinomie« bekannt: In der Mengenlehre ist es erlaubt, Mengen mit beliebigen Eigenschaften zu definieren. Also bildete Russell die Menge aller Mengen, die sich selber nicht enthalten. Nun stellte er die nur auf den ersten Blick unschuldig wirkende Frage: Ist diese Menge ein Element ihrer selbst? Ein inakzeptabler Widerspruch kam zum Vorschein. Es bestehen nämlich nur zwei Möglichkeiten: Entweder ist diese Menge nicht in sich selber enthalten oder aber doch. Eine dritte Möglichkeit gibt es nicht; *tertium non datur*. Erster Fall: Die Menge enthält sich nicht selber; dann erfüllt sie ihre eigene Definition, muss sich also doch selbst enthalten. Bliebe nur der zweite Fall: Sie enthält sich selber. Dann müsste sie aber auch die eigene Definition erfüllen, und die besagt, dass sich die Menge nicht selber enthalten darf! Wie man es auch dreht und wendet: Der Widerspruch verschwindet nicht, löst sich nicht auf; er brachte das System Freges zum Einsturz und trieb die Mathematik in eine Grundlagenkrise.

Russell versuchte, den Schaden zu beheben. Bis zur Erschöpfung hat er diesem Projekt ein ganzes Jahrzehnt seines Lebens gewidmet, und so brachte er in den letzten Jahren vor dem Ersten Weltkrieg gemeinsam mit Alfred North Whitehead (1861–1947) die legendären drei Bände der *Principia Mathematica* heraus. Sie waren ein Meilenstein der logischen Grundlagenforschung, sind heute aber nur noch historisch von Belang.

Nicht anders als Frege verknüpfte Russell seine logischen Interessen mit seinem scharfen Blick für sprachliche Strukturen. Wie er meinte, kann uns die grammatische Oberfläche der Sprache in die Irre führen. Erst nach sorgfältiger Analyse der Tiefenlogik des Gesagten tritt uns, so Russell, klar vor Augen, was wir mit unseren Sätzen genau ausdrücken wollen; erst dann lohnt sich der Streit über deren Wahrheit.

Betrachten wir beispielsweise einen Satz wie »Der gegenwärtige König von Frankreich ist glatzköpfig«, der schon zu Russells Zeiten rätselhaft war; die französische Monarchie war längst abgeschafft. Der Satz ist daher mit Sicherheit nicht wahr. Doch von wem handelt der Satz?

Keineswegs von einem schattenhaften, irgendwo im Nirwana dahinvegetierenden Unkönig oder Halbkönig, dessen Haartracht sich inspizieren ließe. Je länger man über den Satz nachdenkt, desto seltsamer scheint er zu sein. In dieser Verwirrung sorgt Russell für Klarheit. In seiner Analyse besagt der Satz ganz bodenständig Folgendes: »Es gibt derzeit genau einen Menschen, der erstens König von Frankreich ist und der zweitens eine Glatze hat«. Russells genialer Gedanke lautet, dass der ursprüngliche Satz eine versteckte Existenzbehauptung enthält. Diese Behauptung ist es, die den Gesamtsatz falsch macht, und so brauchen wir uns bei der Rede über Nichtexistenzen nicht auf irgendwelche gespenstischen Satzsubjekte zu stützen.

Russells Sprachanalysen wurden Vorbild für Generationen von Philosophen; er gilt mit Recht als einer der Väter der analytischen Philosophie, die derzeit das Geschehen an den englischsprachigen Universitäten dominiert und sich mit einer gewissen Zeitverzögerung auch bei uns durchgesetzt hat.

Dass daraus mittlerweile eine betrübliche Tendenz zur Monokultur entstanden ist, hätte ihn wenig gefreut. Er war Nonkonformist und pflegte seinen Standpunkt gerade dann schwungvoll zu vertreten, wenn sich niemand darum scherte. Am liebsten predigte er die Vernunft als Lösung aller Probleme – und das nicht nur innerhalb der akademischen Philosophie, sondern auch im öffentlichen Raum der Politik sowie im Privatleben.

So ließ er sich 1907 bei seinem Einsatz für das Frauenstimmrecht mit faulen Eiern bewerfen. Man hetzte ihm Riesenratten in den Versammlungssaal, und zwar mit dem frauenfeindlichen Ziel, unter den weiblichen Anwesenden für Panik zu sorgen und dadurch deren mangelnde Eignung für die Beteiligung an demokratischen Wahlen zu erweisen. Am meisten hat es ihn erstaunt, dass sich auch Frauen dafür hergaben.

3. Ein pazifistisches Bekehrungserlebnis

Früh zu Beginn des 20. Jahrhunderts hat Russell gespürt, wie sich in ganz Europa langsam, langsam das Gespenst des Kriegs erhob. Noch im Jahr 1899 hatte er sich während des Burenkriegs für einen Imperialismus der starken Völker ausgesprochen, um aus Patriotismus für die Militäraktionen seiner eigenen Nation eintreten zu können.

Dann hatte er so etwas wie ein Bekehrungserlebnis. Am 10. Februar 1901 wurde er Zeuge des Zusammenbruchs einer Mutter dreier Kinder, die an einem akuten Herzanfall zu sterben drohte. Möglicherweise hat ihn der Blick auf ihr jüngstes Kind, einen zweieinhalbjährigen Knaben, unterschwellig an die Tragödie der eigenen Kindheit erinnert, jedenfalls reagierte etwas Machtvolles in ihm mit unerwarteter Kraft. Rückschauend beschrieb Russell das Konversionserlebnis in eindringlichen Worten:

> Plötzlich schien der Boden unter meinen Füßen wegzubrechen, und ich befand mich in einer ganz anderen Sphäre. Innerhalb von fünf Minuten durchlief ich Gedankengänge wie die folgenden: Die Einsamkeit der Menschenseele ist unerträglich; nur die allerstärkste Liebe, wie sie die Lehrer der Religionen gepredigt haben, vermag die Einsamkeit zu durchdringen; was nicht diesem Beweggrund entspringt, ist schädlich, bestenfalls nutzlos; daraus folgt, dass Krieg unrecht ist, dass die [englische] Public-School-Erziehung abscheulich ist, dass die Anwendung von Gewalt verwerflich ist, dass man in zwischenmenschlichen Beziehungen zum Kern der Einsamkeit eines jeden vordringen soll […]. Nach diesen

> fünf Minuten war ich ein völlig anderer Mensch […]. Binnen fünf Minuten war ich zum Pazifisten geworden.[3]

Nicht anders als sonst bei Beschreibungen mystischer Erlebnisse dürfte es Außenstehenden auch hier schwerfallen, genau zu ver Bertrand Russell (um 1907) stehen, was Russell erlebt hatte und wie das Erlebte sein bisheriges Weltbild so gravierend hat umstürzen können. Offenbar dehnte sich Russells Mitgefühl für das Leid eines ganz bestimmten Einzelindividuums jäh auf die gesamte leidende Menschheit aus.

Die Auslöserin der Bekehrung Russells überlebte die Krise und starb sechs Jahrzehnte später im Alter von 96 Jahren: Evelyn Whitehead (1865–1961) war die Frau seines Ko-Autors Whitehead, in die Russell jahrelang verliebt gewesen war, ohne dass seine Avancen zum Ehebruch geführt hätten. Einiges spricht dafür, dass ihn der Schock ihres Herzanfalls an jenem Abend genau wegen seiner Liebe zu ihr aufgewühlt hat wie nichts zuvor.

Selbst wenn der Pazifismus Russells also einer existentiell vertrackten Zweier- oder Dreier-Konfiguration entsprungen sein sollte, die sich rein rational weder beherrschen noch durchdringen ließ und mit sehr individuellen Liebesgefühlen zusammenhing, hat er diesen Pazifismus bis zu seinem Tod mit aller Kraft der Vernunft hochgehalten, mit großer Wahrheitsliebe vorangetrieben und mit einer umfassenden Menschenliebe beflügelt, der man einen Schuss Mystik nicht wird absprechen können.

Wie vielleicht bei keinem anderen Thema sonst haben

3 Russell, zit. nach: Monk 1996, S. 135.

Alfred North Whitehead (CC BY-SA 4.0)

sich hier die mächtigsten Elemente seines nicht ganz unproblematischen Charakters aufs glücklichste und innigste verbunden. Er war nämlich beileibe kein Heiliger, wie sein wichtigster Biograph nicht müde wurde zu betonen.

4. Der Logiker, sein Schüler und ihr Biograph

Die bislang und wohl auf lange Sicht ausführlichste Russell-Biographie besteht aus zwei gewichtigen Bänden und stammt vom britischen Philosophen Ray Monk.[4] Ihr Verfasser hatte sich zuvor mit seiner Biographie über Ludwig Wittgenstein (1889–1951) einen Namen gemacht, Russells genialstem Schüler und Kooperationspartner seit 1911.[5]

Wo es in den beiden Biographien um philosophische Theorien und Argumente geht, ist an Monks Darstellung nichts auszusetzen. Zudem standen keinem anderen Russell-Biographen so viele Quellen zu Gebote wie ihm. Er hatte alle Selbst- und Fremdzeugnisse im Blick, auf die es ankommt; das dichtgewirkte chronologische Gerüst dieser Biographie ist vorzüglich. Dennoch hat sie dort ihre Schwächen, wo sie in ihrer Abwertung Russells ein unausgewogenes Bild entwirft.

Wie ist es dazu gekommen? Offenkundig ist Monks Begeisterung für Wittgenstein. Nun waren Wittgenstein und Russell trotz aller gegenseitigen Bewunderung wie Feuer und Wasser. Wittgenstein verdankte Russell einen Senkrechtstart in die damals neue, von der mathematischen Logik inspirierte Philosophie. Für kurze Zeit zogen beide an einem Strang, doch Wittgenstein kam schnell an einen Punkt, wo er Russell nach eigenem Urteil weit hinter sich gelassen hatte.

Seine Kritik an Russell war so hart und unnachgiebig und ruhelos, dass sich Russell davon demoralisieren ließ

4 Monk 1996, Monk 2000.
5 Monk 1990.

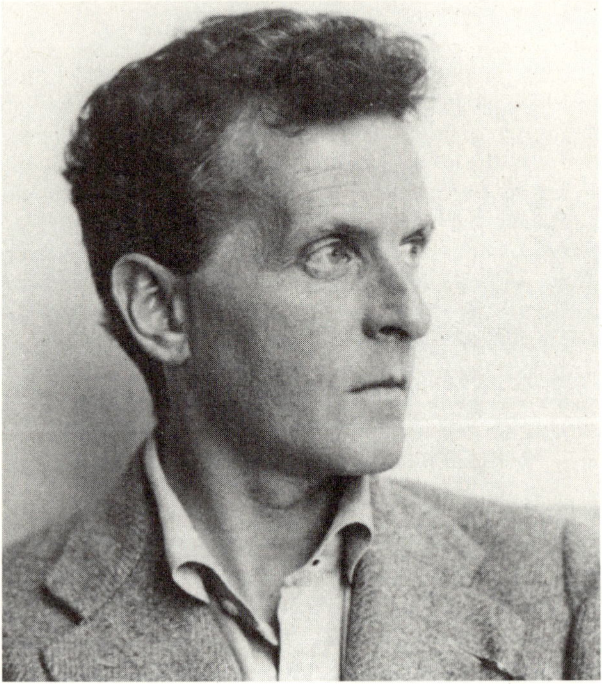

Ludwig Wittgenstein (1930)

und mehrmals kurz vor dem Suizid stand. Vermutlich hat er sich viel zu weit auf Wittgensteins Position eingelassen, um damit im Rahmen der eigenen philosophischen Grundannahmen weiterarbeiten zu können.

Anders gesagt, ließ er sich von Wittgenstein ohne Not schachmatt setzen. Das hatte auch mit seinem wahrheitsliebenden Charakter und seiner Skepsis zu tun: Unabhängig von Standes- und Altersunterschieden war er offen, ja verletzlich für grundlegende Kritik, die so gut wie jeder andere schon allein aus Gründen des Selbstschutzes weggewischt hätte. Diese prinzipielle Offenheit für Gegengedanken, die Russell unter anderem auch im Umgang mit dem Dichter D. H. Lawrence (1885–1930) und dem Mathematiker Max Newman (1897–1984) pflegte und die immer wieder einer Kapitulation gleichkam, lässt sich gut mit Russells Pazifismus in Verbindung bringen.

Wie sich die Denkstile Russells und Wittgensteins unterschieden haben, kam erst nach dem Ersten Weltkrieg voll zum Vorschein; recht bald wurde klar, dass sie nicht weiter zusammenarbeiten konnten. Auch weltanschaulich lagen sie viel zu weit auseinander: Russells Protest gegen den Ersten Weltkrieg lief in Wittgensteins Augen fast schon auf Vaterlandsverrat hinaus (Wittgenstein hatte aus patriotischem Pflichtgefühl in der Österreichischen Armee gedient).

Es fällt nun auf, dass sich Monk in seiner Russell-Biographie bei so gut wie jedem Zweifelsfall für eine negative Deutung Russells entscheidet, und zwar auch dort, wo man ebenso gut wohlwollender vorgehen könnte. So beklagt er sich wieder und wieder über die rationale Eiseskälte, die uns aus Russells Selbstzeugnissen entgegentritt, erwägt aber an keiner einzigen Stelle, dass diese Kälte nichts anderes als ein Ausdrucksmittel gewesen sein könnte, mit dessen Hilfe sich Russell seiner exzessiven Wahrheitsliebe hingegeben hat, um schonungslos gerade die unwillkommenen Winkel seiner selbst und der ihm Nahestehenden auszuleuchten.

Bei der Deutung dieser Selbstzeugnisse legt Monk Formulierungen auf die Goldwaage, die höchst privat waren und in ihrem privaten Schutzraum vielleicht nicht so zu verstehen sind, wie sie einem Außenstehenden vorkommen müssen, der sie gleichsam als offizielle Verlautbarungen nimmt.

Abgesehen davon ist Monk kein großer Freund einer Textform, in der es Russell zu größter Meisterschaft gebracht hat: Philosophisch-populäre Essayistik ist für ihn kein ernsthaftes Unterfangen. Wo Russell aus politischen Sorgen heraus elegant, spielerisch, mit schnellen Strichen und sicherer Hand über Themen wie Weltfrieden, Freiheit, Gewalt, Sexualität, Liebe, Hass, Erziehung sowie die Rolle der Naturwissenschaften schreibt, da ist es ihm nicht um wissenschaftliche Theoriebildung im strengen Sinne zu tun.

Es geht in solchen Texten nicht um Widerspruchsfreiheit oder wasserdichte argumentative Stringenz oder Akkuratesse in der Wiedergabe der Positionen anderer. Stattdessen geht es darum, die Leser zum freien, kritischen, eigenständigen Mitdenken anzuregen, ja zu provozieren – und zwar immer wieder unter Russells Leitfrage, wie sich der nächste große Krieg vermeiden lässt.

Wenn irgendjemand im 20. Jahrhundert nahezu alle großen Themen der Menschheit unter einer pazifistischen Perspektive anzugehen wusste, dann war es Russell. Dass er dabei immer nur auf der Suche war, dass er stets hin und her schwankte, dass er selten mit stabilen Antworten aufwarten konnte, hätte ihm sein Biograph nicht ankreiden müssen.

5. Liebschaften, Mordphantasien, Friedensliebe

Eine Ursache für die fraglos vielen Unglücke in Russells Liebes- und Familienleben liegt sicher in seiner verkorksten, viktorianisch ruinierten Kindheit. Während der Einsamkeit seiner Jugendjahre scheint sich in ihm ein schier unersättliches und dabei pessimistisches Liebesbedürfnis festgefressen zu haben, das den vier Ehefrauen und zahllosen Geliebten an seiner Seite das Leben zur Hölle machen konnte.

Nach einer langen glück- und kinderlosen Ehe mit Alys Pearsall Smith (1867–1951) flüchtete er sich in eine hochdynamische Liebesbeziehung zu Ottoline Morrell (1873–1938), der Ehefrau eines wichtigen Parlamentariers: Philip Morrell (1870–1943) konnte keinen Skandal gebrauchen, ließ ihr aber im Privaten alle Freiheiten und wusste sie eben dadurch umso fester an sich zu binden; Russell, der sich nach gemeinsamen Kindern mit der Geliebten sehnte, verhungerte am langen Arm.

Um sich aus dieser jahrelang unbefriedigenden Ménage-à-trois zu befreien, stürzte er sich in flüchtigere Liebschaften, immer in der Hoffnung, eine Familie gründen zu können. Laut eigener Aussage verdankte Russell »den Frauen, die ich geliebt habe, viel. Ohne sie wäre ich viel engstirniger gewesen«.[6] In der Tat boten ihm seine Gefährtinnen und Partnerinnen in ihrer Kreativität, Unkonventionalität und Individualität starken Gegenwind. Russell liebte solchen Gegenwind, doch die daraus erwachsenden Liebesbe-

6 Zit. nach: Russell 1929/1984, S. VIII.

ziehungen konnten seine fast schon metaphysische Einsamkeit kaum lindern.

Die trieb ihn an den Rand des Wahnsinns: so sehr, dass er wieder und wieder von Mordphantasien heimgesucht wurde.[7] Offenbar befürchtete er allen Ernstes, ein realer Wiedergänger der Mörder Rogojin und Raskolnikow aus Dostojewskijs Œuvre zu sein. Und weil er Angst hatte, verrückt zu werden, verdoppelte er die Anstrengungen seines Intellekts, um seine Gefühle im Zaum zu halten.

Ein Pazifist mit Mordphantasien? Wie soll das gehen? Ist das nicht ein Widerspruch in sich? Keineswegs; wer das Böse und den Hass und den Wahn und die Mordlust nicht aus dem eigenen Erleben kennt, der kann vielleicht auch nicht ermessen, wie viel es verlangt, um alles das im Lärm des Kriegsgeschreis kleinzuhalten, zu zügeln, zu kontrollieren.

Russell jedenfalls wurde zu einem Pazifisten mit hochkultiviertem Wirklichkeitssinn, hellhörig schon fürs leiseste Säbelgeklingel auf allen Seiten, voller Furcht vor Völkerhass und mit feinstem Sensorium für die hässlichen emotionalen Begleiterscheinungen eines jeden Kriegs.[8]

6. Fast allein unter Wahnsinnigen im Ersten Weltkrieg

Als sich nach dem Mordanschlag auf den österreichisch-ungarischen Thronfolger, Erzherzog Franz Ferdinand (1863–

7 Vgl. Russell, Briefe vom März 1912 an Ottoline Morrell, zit. nach: Monk 1996, S. 256.

8 Siehe z. B. Russell 1967/1972, S. 236. Zum Folgenden siehe Russell 1968/1973, S. 9–48.

1914), überall in Europa ein kriegsdurstiger Hurra-Patriotismus ausbreitete, warnte Russell vor den fatalen Folgen:

> Die Lage wirkt auf mich nur noch hoffnungslos. Es ist so gut wie sicher, dass England sich am Krieg beteiligen wird. Zwar glaube ich nicht, dass wir das tun sollten. Doch breitet sich eine Sichtweise aus, die exakt dazu führen wird – so als wäre es eine Sache der Ehre und daher unsere Pflicht. Wir steuern auf ein grauenhaftes, unausweichliches Schicksal zu, dem sich keiner entziehen kann. Ich habe immer gehofft, dass wir in Europa lange genug Frieden halten könnten, bis jedem klar wäre, dass Krieg nichts anderes als Wahnsinn ist. Nun wird es eine neue Erblast von Hassgefühlen, Erniedrigungen und brutalen Triumphen geben.[9]

Das war hellsichtig – und Russell stand damit weitgehend allein. Wenige Tage später erklärte Großbritannien dem Deutschen Reich den Krieg. Früh sprach sich Russell für einen Verständigungsfrieden mit Deutschland aus, kritisierte Englands Alliierte, plädierte für Kriegsdienstverweigerung. Er tourte mit bestens besuchten, philosophisch raffinierten Vorträgen durchs Königreich und hatte es darauf abgesehen, mit den Autoritäten in Streit zu geraten.

In einem ersten Gerichtsverfahren, das Russell für eine flammende Rede nutzte, wurde er 1916 zu einer Strafe von 100 Pfund verurteilt (umgerechnet ungefähr 8000 Euro), zuzüglich eines Zehntels dieser Summe für Gerichtskos-

9 Russell, Brief an Ottoline Morrell vom 31. Juli 1914, zit. nach: Monk 1996, S. 362 f.

ten. Im Fall einer Zahlungsverweigerung lief die Strafe auf zwei Monate Gefängnis hinaus.

Selbstredend weigerte er sich zu zahlen; er freute sich schon auf die Schlagzeilen von seiner Inhaftierung, doch mochte man ihm diesen Gefallen noch nicht tun. Stattdessen kam der Gerichtsvollzieher und beschlagnahmte seine Bücher und Möbel für die Zwangsversteigerung. Reiche Freunde wie Philip Morrell lösten die Wertgegenstände aus und bezahlten so letztlich an seiner Statt die gerichtliche Strafe.

Doch blieb die Sache für Russell nicht folgenlos. Als verurteilter Straftäter verlor er sein Lehramt am Trinity College, worüber er froh war; sein zeitweiser Freund, der rabiate Schriftsteller D. H. Lawrence hatte ihn zuvor schärfstens für die bequeme, gesicherte Stellung in Cambridge kritisiert und ihm ein wilderes, freieres, riskanteres Leben empfohlen, als *Outlaw*. So etwas musste sich Russell nun nicht mehr sagen lassen.

Das Außenministerium unterband die Ausstellung eines Reisepasses und sperrte ihn damit innerhalb der Staatsgrenzen ein. So zerschlug sich eine gutbezahlte Vortragsreise an die amerikanische Ostküste nach Harvard. Die englische Regierung befürchtete, dass Russell mit seinem Gerede vom Frieden die Neigung der Amerikaner verringern könnte, auf Seiten Englands in den Krieg einzugreifen. Nicht auszudenken, wie die Weltgeschichte weiter verlaufen wäre, wenn es so gekommen wäre …

Ohne Reisepass war Russell an sein Heimatland gefesselt; doch es kam noch schlimmer. Zu allem Überfluss wurde er als Verräter gebrandmarkt: Damit er deutschen Kriegsschiffen unter keinen Umständen Signale über lohnende Artillerieziele liefern konnte, wurde es ihm offiziell untersagt, sich in der Nähe der Küste aufzuhalten. Der Aufenthalt auf einem Drittel des Territoriums der britischen Inseln war ihm damit verwehrt. Das tat weh; er liebte es zeitlebens, bei Wind und Wetter am Meer zu wandern. Doch gab er nicht klein bei, sondern führte seine Kampagne im Landesinnern unbeirrt fort und ließ die Vorträge in den Hafenstädten von einem Gewerkschaftsvorsitzenden verlesen: ein gewitzter Coup, der die Lacher auf seine Seite brachte.

Genauso erregte es größtes Aufsehen, als er einen offenen Brief an den amerikanischen Präsidenten Woodrow Wilson (1856–1924) zugunsten von Waffenstillstand aus England schmuggeln ließ – der Kassiber erschien auf der Titelseite der *New York Times*.

Nach und nach zermürbte ihn die Wirkungslosigkeit seiner Versuche, politischen Einfluss zu nehmen. So beschloss Russell Ende 1917, die Anti-Kriegsarbeit ruhen zu lassen und sich wieder in die theoretische Philosophie zurückzuziehen.

Eine allerletzte Kolumne brachte er noch heraus, und ausgerechnet die brachte das Fass zum Überlaufen: In einem Anfall polemischen Überschwanges unterstellte er der amerikanischen Armee die Bereitschaft, auf britischem Territorium, so wie angeblich jenseits des Atlantiks, streikende Arbeiter einzuschüchtern. Das interpretierte man als ungebührliches Gebaren gegenüber Verbündeten und verurteilte Russell zu einem halben Jahr Gefängnis.

Zunächst kam ihm das nicht unwillkommen vor – endlich Ruhe zum Nachdenken. Erst als er am Beispiel eines soeben freigelassenen Freundes sah, wie demoralisierend britische Gefängnisse sein konnten, fuhr ihm der Schreck in die Glieder. Und so setzte er alle Hebel in Bewegung, um im Gefängnis erster Klasse unterzukommen, wie es den Bessergestellten vorbehalten war.

Nach seiner Entlassung hatte er kein regelmäßiges Einkommen und versuchte, von seiner Schriftstellerei zu leben sowie von Vortragshonoraren, was ihm allerhand Stress bescherte und manchen Kompromiss abverlangte. Es ist erstaunlich, wie gut es ihm in den folgenden Jahrzehnten gelungen ist, auf dem freien Markt mit Philosophie Geld zu verdienen. Erst als er im Jahr 1950 für seine progressive und elegante Essayistik den Literatur-Nobelpreis erhalten hatte, musste er sich nicht länger um den Broterwerb kümmern.

8. Reise ins Russland der Revolution

Seine Überlegungen vor Kriegsende trieben ihn auf die Suche nach Alternativen zum Kapitalismus. Als in Russland die Revolution ausbrach, hatte er sich bereits gründlich in die Theorie eingelesen, die er nicht unplausibel fand – und ergriff die erstbeste Gelegenheit, ihre Umsetzung vor Ort in Augenschein zu nehmen.

Russell kehrte geschockt aus Russland zurück. Ihm war der Schrecken nicht entgangen, der auf den Moskauer Straßen herrschte. Und er hatte eine Stunde lang mit Wladimir Iljitsch Lenin (1870–1924) parliert: »Als ich ihm nahelegte, dass bei uns in England alles auch ohne Blutvergießen erreicht werden könne, wischte er die Idee als fantastisch vom Tisch«.[10] Jahre später wurde Russell noch deutlicher:

> Als ich Lenin traf, machte er mir viel weniger den Eindruck eines großen Mannes, als ich erwartet hatte; die stärksten Eindrücke, die ich empfing, waren engstirniger Fanatismus und mongolische Grausamkeit. Als ich ihn über den Sozialismus in der Landwirtschaft befragte, führte er lachend aus, wie er die ärmeren Bauern gegen die reicheren aufgehetzt hatte, ›und sie knüpften sie bald am nächsten Baum auf – ha! ha! ha!‹ Seine Lachsalven beim Gedanken an die Hingemordeten ließen mir das Blut in den Adern gefrieren.[11]

Übrigens lag Russell in der Gewaltfrage auch mit Leo Trotzki (1879–1940) und Mao Tse-tung (1893–1976) überkreuz. Russell bezeichnete Trotzki wegen seiner Revolutionspläne für England als Feind oder Narren – Trotzki konterte mit einer Generalattacke auf Russells Pazifismus und beschimpfte ihn als »vom Skeptizismus zerfressen, egoistisch und aristokratisch«.[12]

Und als der 26-jährige Mao in der chinesischen Stadt Changsha den Reden Russells zugunsten einer gewaltlosen Revolution lauschte, da notierte er in einem Brief: »Mein

10 Russell 1920, S. 125.
11 Leicht geänderte Übersetzung nach Russell 1950/1951, S. 184.
12 Trotzki, zit. nach: Monk 2000, S. 63.

Einwand gegen Russells Standpunkt lässt sich mit wenigen Worten auf den Punkt bringen – alles schön und gut in der Theorie, aber für die Praxis untauglich«.[13]

9. Russells pazifistische Analyse der Lage Dänemarks im Jahr 1936

Russell hatte seit jungen Jahren viel Sympathie für die Deutschen und weigerte sich während des Ersten Weltkriegs entschieden, in den Chor derer einzustimmen, die Deutschland verdammten. So wie sein Studienfreund, der bedeutende Ökonom John Maynard Keynes (1883–1946), und anders als die meisten seiner Landsleute sah Russell im Vertrag von Versailles aus dem Jahr 1919 den sicheren Weg in den nächsten Krieg.[14]

Als in Italien und Deutschland faschistische bzw. nationalsozialistische Strömungen an die Macht gekommen waren, zog er einen Vergleich zwischen diesen Diktaturen von rechts und der kommunistischen Diktatur. Er erklärte beides für inakzeptabel, fügte aber die Prognose hinzu, dass die rechtsextreme Gewaltherrschaft – und nur sie – unausweichlich in den Krieg führen müsse.[15]

Trotzdem hielt er sogar kurz vor dem Zweiten Weltkrieg an seinen friedliebenden Politikvorschlägen fest. 1936 sprach er sich in seinem Buch *Which Way to Peace?* dafür aus, die Spannungen zwischen Nazi-Deutschland und Großbritan-

13 Mao, zit. nach: Monk 1996, S. 592.

14 Russell, zit. nach: Monk 2000, S. 177; vgl. Mann, in: Russell 1967/1972, S. 379.

15 Russell 1935/1989, S. 126.

Bertrand Russell (1936)

nien durch radikale Nachgiebigkeit abzubauen. Mit Blick auf die fragile Lage Dänemarks schrieb er:

> Insofern Macht von der Fähigkeit zur Kriegsführung abhängt, haben sie [die Dänen] überhaupt keine Macht. Trotzdem ist ihr Lebensstandard höher als der unsere [...]. Die Dänen haben kein Kolonialreich, das sie ausbeuten könnten, keine Rohstoffe, keine Verteidigungsstreitmacht – und doch sind sie uns in jeglicher ökonomischen Hinsicht überlegen.[16]

16 Russell 1936, S. 136.

So weit ist Russells Analyse nicht unbedingt strittig; wer kein kostspieliges Militär unterhält, kann eine Friedensdividende einstreichen – jedenfalls in Friedenszeiten. Überraschend erscheint es höchstens, wenn Russell annimmt, dass ein Land mit Kolonialreich ökonomisch nicht unbedingt besser dasteht als ein Land ohne nennenswert viele Kolonien; manchmal verhält es sich so, manchmal nicht. Russell nahm als Nächstes die Kriegsgefahren für Dänemark in den Blick:

> Aber all das, so wird der Leser vielleicht einwenden, ist in Gefahr. Die Deutschen könnten sich das Land jederzeit einverleiben, sie könnten die führenden Sozialisten in Konzentrationslager stecken, sie könnten die Schulen zwingen, Nazi-Propaganda zu unterrichten, und jeden erschießen, der sich weigert, mit *Heil Hitler* zu grüßen. Zugegeben, die Deutschen könnten all das tun; sie wissen, dass sie es tun könnten, und die Dänen wissen es auch. Aber die Deutschen tun es nicht. Warum nicht?[17]

Das mag im Jahr 1936 eine berechtigte Frage gewesen sein; am 9. April 1940 stellte sich bei der Besetzung Dänemarks durch deutsche Truppen heraus, dass sich Russell in seinem Optimismus zu weit vorgewagt hatte. Man kann darüber streiten, ob er das hätte vorhersehen müssen. Gleichwohl ist es spannend zu sehen, wie er die rhetorische Frage 1936 beantwortet hat:

17 Ebd.

> Aus folgendem Grund: Weil die Dänen so gut wie keine Streitkräfte haben, sind ihre Auffassungen den Deutschen gleichgültig; und da sie keine Kolonien haben, gehen ihnen die Besitztümer ab, deren Übernahme sich für das deutsche Kapital lohnen könnte. Verteidigt werden die Dänen auf diese Weise eben durch das Fehlen jedweder Verteidigung.[18]

Seine größte Sorge galt dem Luftkrieg – einer Innovation der Kriegstechnologie, die im Ersten Weltkrieg noch keine entscheidende Rolle hatte spielen können, nun aber zu einer dramatischen Barbarisierung künftiger Kriege zu führen drohte:

> Dass die Lage der Dänen gefährlich ist, muss zugegeben werden. Doch ist sie so gefährlich wie die unsere? [...] Es ist so gut wie sicher, dass Kopenhagen nicht aus der Luft bombardiert werden wird. Dänemark ist also entschieden sicherer, als wir es sind – obwohl das Land über so gut wie keine Streitkräfte verfügt.[19]

Das ist selbst dann keine völlig unplausible Überlegung, wenn man Wissen aus der Rückschau hinzuzieht; britische Städte sind Opfer des deutschen Bombenterrors geworden, dänische Städte nicht. (Dass Städte anderer, nahezu wehrloser Nachbarländer Deutschlands wie Rotterdam, Wieluń und Warschau sehr wohl durch die deutsche Lufwaffe bombardiert wurden, betrifft zwar nicht den ausdrückli-

18 Ebd., S. 136 f.
19 Ebd., S. 137, vgl. S. 18–49, 151 [u. ö.].

chen Wortlaut der Prognose Russells, unterminiert sie aber trotzdem.) Dabei ist es alles andere als einfach, die britischen und die dänischen Kriegsopfer und Kriegsschäden insgesamt miteinander zu vergleichen (zumal in diesen Vergleich die relativen Bevölkerungszahlen anteilig einfließen müssten). Wie dem auch sein mag, als Nächstes formulierte Russell einen Vorschlag für England, der es in sich hat.

10. England entwaffnen?

Was Russell in seinem Buch auf die zuletzt zitierten Überlegungen folgen ließ, gibt einen deutlichen Eindruck von seiner unerschrockenen Radikalität:

> So wie ich die Strategie des Pazifismus verstehe, würde er darauf hinauslaufen, Dänemark nachzuahmen, indem wir unsere Land-, See- und Luftstreitkräfte drastisch verringern und in Genf [dem Sitz des Völkerbundes, der Vorgängerin der UNO] ankündigen, dass wir die anderen Staaten dazu einladen, es uns gleichzutun; doch müssten wir bekanntgeben, dass wir an unserer Entscheidung festhalten, selbst wenn die anderen uns damit allesamt oder teilweise hängenlassen sollten.[20]

Dass die Befolgung seines Vorschlags nicht unter Garantie gut für Großbritannien ausgehen würde, war Russell bewusst. Ihm war klar, wie provokant die folgenden Sätze

20 Ebd., S. 137.

auf britische Leserinnen und Leser gewirkt haben müssen:

> Natürlich unterscheidet sich unsere Lage drastisch von derjenigen Dänemarks. Wir haben ein riesiges Kolonialreich, das über den ganzen Globus verstreut ist, das durch pure Gewalt errungen wurde und gehalten wird [...]. Ohne Militärgewalt würden wir alles verlieren: Gibraltar, Malta, den Suez-Kanal, den Golf von Aden, das Öl aus Südpersien, Indien und Hongkong; Kenia, Nigeria und Jamaika – lauter Landstriche, die dem Stolz von uns allen und den Geldbörsen einiger Auserwählter zugutekommen.[21]

Russell schlug allen Ernstes vor, die britischen Kolonien fahren zu lassen. Damit war er seiner Zeit voraus; in der Zwischenkriegszeit konnte er mit so einem Antikolonialismus bei seinen Landsleuten kaum auf Zustimmung hoffen.

Später im Buch fasste Russell seine Überlegung so zusammen:

> Wenn Vorschläge zur [einseitigen] Abrüstung vorgebracht werden, verfällt man leicht der Vorstellung, dass die Befolgung solcher Vorschläge unweigerlich dazu führt, erobert zu werden und all den Schrecken ausgesetzt zu sein, die mit kriegerischen Invasionen einhergehen. Dies ist falsch, wie das Beispiel Dänemarks lehrt. Andere Staaten würden uns voraussichtlich in Ruhe las-

21 Ebd., S. 137 f.

> sen, wenn wir weder Waffen noch Kolonien hätten. Und wenn sie uns doch angreifen sollten, müssten wir uns ohne Kampf ergeben – wodurch wir ihnen gar nicht erst einen Anlass zur Bösartigkeit bieten würden. Die sich daraus ergebenden Folgen wären für uns sowie für die ganze Welt wesentlich weniger entsetzlich als im Falle von Krieg – und das selbst dann, wenn wir aus dem Krieg ohne Abstriche als Sieger hervorgingen.[22]

Vielleicht ist Russell hier dann doch ein wenig zu weit gegangen. Jedoch ist in diesem Zusammenhang unter anderem zu bedenken, dass es ihm mit seiner Überlegung einzig und allein um die Folgen seines Vorschlags für Großbritannien bzw. Dänemark zu tun war. Wer sich allein auf britische und dänische Interessen beschränkt, dem entgeht freilich ein wichtiger, vermutlich sogar allentscheidender Gesichtspunkt: Die Rassenideologie der Nazis zielte mit ihrer mordspeienden Gewehrmündung nicht zuallererst auf nordische Völkerschaften, sondern auf Slawen und Juden; es scheint also arg naiv zu sein, wenn Russell seine Landsleute und die Dänen dadurch zu beruhigen trachtet, dass eine Besetzung durch Nazi-Deutschland schlimm wäre, aber nicht das Ende von allem.

22 Ebd., S. 139.

11. Redete Russell als Kassandra auch von sich selber?

Noch in den Jahren 1938 und 1939 nach seiner Überfahrt in die Vereinigten Staaten sprach sich Russell für Versuche aus, den Konflikt mit Deutschland friedfertig beizulegen. Hatte er sich verrannt?

Russell empfand erhebliches moralisches Misstrauen gegenüber der westlichen Seite im Konflikt. In einem Artikel für die *New York Times* vom 26. September 1938 sagte er voraus, dass der Westen im Zuge des militärischen Kampfes gegen Hitler zuletzt derselben Barbarei anheimfallen werde wie das Deutschland dieser Vorkriegszeit:

> Ich befürchte, dass Krieg [gegen Nazi-Deutschland] ungeheuerliches Leid über die Welt bringen würde. Selbst wenn wir siegen sollten, werden wir nach dem Krieg – so meine Sorge – genau so wahnsinnig sein, wie Hitler ist.[23]

Russell blickte damals auf ein judenfeindliches, rassistisches, totalitäres Regime in Deutschland, dem Menschenleben gleichgültig waren – das aber noch nicht im Zweiten Weltkrieg wütete und den industrialisierten Massenmord noch nicht in die Tat umgesetzt hatte. Mit jenem menschenrechtsverachtenden Regime des Jahres 1938, von dessen Konzentrationslagern er seit längerem wusste, verglich Russell ein England und Amerika bei Kriegsende.

1945 hatten sich selbst die ehedem zivilisiertesten Großmächte in einen Kriegsfuror hineingesteigert, dessen Bru-

23 Russell, zit. nach: Monk 2000, S. 215 f., vgl. S. 224.

talität vor dem Krieg unvorstellbar gewesen wäre. Wie hätte man im Jahr 1938 – als Russell die zitierten Sätze zu Papier brachte – den Abwurf zweier Atombomben über japanischen Großstädten gewertet? Und wie den alliierten Luftkrieg zur Demoralisierung der Zivilbevölkerungen von Städten wie Tokyo, Dresden und Hamburg?

Dass die nazideutsche Barbarei in den Folgejahren zuletzt alle, wirklich alle Grenzen sprengte, betrifft nicht den Vergleich, den Russell zog. Man könnte also sagen, dass Russell die Brutalisierung der Alliierten nach einem langen, harten Krieg durchaus realistisch einzuschätzen vermochte und dass er die schnellere Brutalisierung auf seiten Deutschlands, die von einem viel grässlicheren Niveau aus gestartet war, nur unzureichend bedacht, jedenfalls nicht angesprochen hat.

Tragischerweise übrigens sollte Russells Prognose ausgerechnet auf ihn selber zutreffen. Kurz nach Kriegsende war er es, der die Amerikaner mit großer Hartnäckigkeit dazu drängte, die Sowjets mit Atomkrieg zu überziehen, falls sie sich weigern sollten, auf eigene Atomrüstung zu verzichten und sich dem Weltstaat unter amerikanischer Führung zu unterwerfen; erst als auch die Sowjetunion über die Bombe verfügte, hörte er damit auf.[24]

Eine dermaßen kriegerische Kaltschnäuzigkeit sollte Russell niemals wieder an den Tag legen; sie mag durchaus mit der Art von Verrohung zu tun haben, die (Russells eigener Prognose zufolge) jahrelange Kriege auszulösen vermögen. – Dass Russell um des ewigen Friedens willen auf eine Weltregierung zielte wie so manch ein Philosoph vor

24 Vgl. für die Einzelheiten Monk 2000, S. 297–304 und S. 330 f.

ihm, bietet keinen großen Trost. Viel zu oft wurden Kriege ausgerufen zur Beendigung aller Kriege, und es ist eine gute, wichtige Einsicht der Pazifisten, dass es nicht ratsam ist, einem noch so attraktiven Endziel zuliebe über Leichen zu gehen.

12. Allmähliche Abkehr vom *Appeasement*

Russell wusste seine ursprüngliche Gegnerschaft eines alliierten Kriegs mit Hitler-Deutschland zunächst zögerlich und dann immer entschiedener als Fehleinschätzung zu korrigieren. Einen ersten Schritt der Korrektur unternahm er in einem Brief aus Amerika an einen alten Studienfreund: »Ich versuche sehr, Pazifist zu bleiben, aber der Gedanke an Hitler und Stalin als Sieger ist schwer zu ertragen«.[25]

Und es gelang ihm nicht; dass sein Pazifismus ihn nicht auf blinde Prinzipienreiterei festgelegt hatte, zeigte sich im Verlauf der Katastrophe. Anfang Juni 1940 – wenige Wochen, nachdem Winston Churchill (1874–1965) seinen Landsleuten Blut, Schweiß und Tränen vorhergesagt hatte – zog Russell in aller Öffentlichkeit seine Haltung zum Krieg gegen Nazi-Deutschland zurück.[26]

Noch etwas später arbeitete Russell seine neue Sichtweise im Detail aus und präzisierte sie. Unter dem Titel *The Future of Pacifism* unterschied er zwischen absolutem und

25 Russell, Brief an Robert Trevelyan vom 22. Dezember 1939, zit. nach: Russell 1968/1973, S. 371.

26 Russell, Brief an Kingsley Martin vom 13. Mai 1940, veröffentlicht am 8. Juni 1940 (Russell 1968/1973, S. 361).

relativem Pazifismus.[27] Wegen seiner Stringenz ist es nicht notwendig, den Argumentationsgang noch einmal darzustellen; hier nur so viel: Absolute Pazifisten sprechen sich ein für allemal, rigoros, bedingungslos gegen jedwede Beteiligung an kriegerischen Handlungen aus – und solches war einem unvoreingenommenen Denker wie Russell zu dogmatisch. Sein relativer Pazifismus ließ Ausnahmen zu wie den Krieg der Alliierten gegen Nazi-Deutschland.[28]

Ohne sich in Widersprüche zu verwickeln, bestand er darauf, dass dieser Fall eine Ausnahme bildet. Fast immer, aber eben nicht immer, so Russell, sind Kriegsfolgen um ein Vielfaches schlimmer als die Folgen von Nachgeben, Niederlage oder Kapitulation.

Das ist eine pragmatische, im Sinne von Max Weber (1864–1920) verantwortungsethische Haltung. Sie liegt zwischen dem gesinnungsethischen, absoluten Pazifismus auf der einen Seite und einem gesinnungsethischen Verteidigungsbellizismus auf der anderen Seite, der sich nicht minder absolut gibt, auf Sieg um jeden Preis setzt und neuerdings wieder Anhängerinnen und Anhänger findet.

13. Russell und Einstein

Russell war nicht der einzige Pazifist, der mit Blick auf den Zweiten Weltkrieg eine Ausnahme machte; Albert Einstein (1879–1955) war in diesem Punkt gleicher Meinung.[29] Auch

27 Hierzu und zum Folgenden siehe Russell 1943–44 bzw. die deutsche Übersetzung als Haupttext des vorliegenden Bandes.
28 Siehe auch Russell 1968/1973, S. 295 f.
29 Vgl. z. B. Einstein 1960/2004, S. 324, 330 f.

nach dem Krieg zogen die beiden an einem Strang.[30] Früher und klarer als viele andere wussten sie um die Gefahr des atomaren Wettrüstens.[31] In immer größerer Sprengkraft, immer kürzeren Vorwarnzeiten, immer breiterer Streuung der radioaktiven Verseuchung erkannten sie ein Rezept für die Apokalypse.[32]

Es war im Frühling 1955, als Einstein bereits todkrank war und Russell die Initiative ergriff.[33] Im Gleichklang mit dem Physiker formulierte er ein Memorandum, das von herausragenden Wissenschaftlern beider Blöcke unterzeichnet wurde und an die wichtigsten Regierungen der Welt adressiert war.[34]

In diesem bemerkenswerten Text geht es zunächst darum, auf einen völker- und systemübergreifenden Standpunkt zu kommen:

> Wir sprechen in diesem Fall nicht als Bürger dieser oder jener Nation, als Bewohner dieses oder jenes Kontinents, als Anhänger dieser oder jener Religion, sondern als menschliche Wesen: als Angehörige der Spezies Mensch, deren Fortexistenz in Gefahr ist. Die Welt ist voller Streit, doch alle Streitigkeiten werden vom gigantischen Wettstreit zwischen Kommunismus und Anti-Kommunismus überschattet.[35]

30 Russell, zit. nach: ebd., S. 17.
31 Siehe z. B. Russell 1954/2021.
32 Z. B. Einstein 1960/2004, S. 519–521; Russell 1969/1974, S. 82–85.
33 Siehe den Briefwechsel, in: Einstein 1960/2004, S. 617–623.
34 Russell, in: Einstein 1960/2004, S. 627–631.
35 Ebd., S. 632.

Albert Einstein (1947)

Mit einer feinen Balance aus Nachdruck und Höflichkeit steuerte Russell im Namen Einsteins und der anderen Unterzeichner alsdann auf einen weltumspannenden Humanismus zu:

> Fast jeder politisch Denkende blickt mit starken Gefühlen auf einen oder mehrere dieser Streitpunkte, doch bitten wir Sie, diese Gefühle – sofern Sie können – zurückzustellen und sich als Angehörige einer biologischen Spezies zu verstehen, die eine bemerkenswerte Geschichte hat und deren Verschwinden sich keiner von uns wünschen kann.[36]

Die hier formulierte Mischung aus Pessimismus und Optimismus ist großartig: »sofern Sie können« – »if you can«. Man traut es den angesprochenen Staatsmännern zu, ihre Einzelinteressen und Einzelemotionen hintanzustellen – ist sich dessen aber nicht hundertprozentig sicher, Hoffnung und Sorge gehen Hand in Hand. Und so als ob das Vorausgegangene nur eine Vorübung gewesen wäre, wird als Nächstes ein weitergehendes Umdenken gefordert:

> Wir müssen lernen, auf eine neue Art und Weise zu denken. Wir müssen aufhören, uns zu fragen, welche Schritte zu tun sind, um irgend einervon uns bevorzugten Gruppe zum militärischen Sieg zu verhelfen; denn solche Schritte gibt es nicht mehr. Vielmehr lautet die Frage, die wir uns stellen müssen: Welche Schritte können wir tun, um ein militärisches Kräftemessen zu verhindern, dessen Ausgang für alle Seiten verheerend wäre?[37]

Um gar nicht erst den Verdacht von Alarmismus aufkommen zu lassen, beschreibt Russell sodann die Fakten, und zwar in knapper Klarheit und kühler Sachlichkeit:

36 Ebd., S. 632.
37 Ebd., S. 633.

> Wie überaus zuverlässigen Informationsquellen zu entnehmen ist, kann inzwischen eine Bombe hergestellt werden, die 2500 Mal so zerstörerisch ist wie diejenige, die Hiroshima vernichtet hat.
>
> Wenn so eine Bombe nahe am Boden oder unter Wasser explodiert, so jagt sie radioaktive Teilchen in die Atmosphäre. Diese sinken nach und nach wieder herab und erreichen die Erdoberfläche in Form von tödlichem Staub oder Regen. Es war dieser Niederschlag, der die japanischen Fischer und deren Fischfang verseucht hat.[38]

Die Glaubwürdigkeit des gesamten Textes ist unter anderem deshalb so hoch, weil auch und gerade diejenigen Gesichtspunkte benannt sind, bei denen es uns noch an Wissen gebricht, bei denen es aber genügt, mit berechtigten Hypothesen weiterzuarbeiten, ganz so wie in den Naturwissenschaften üblich:

> Wie weit sich solche tödlichen radioaktiven Teilchen verteilen könnten, weiß keiner; doch gemäß dem Konsens unter hochqualifizierten Experten ist es gut möglich, dass ein Krieg mit Wasserstoffbomben der menschlichen Spezies ein Ende bereiten wird. Es wird befürchtet, dass der Einsatz vieler Wasserstoffbomben ein weltweites Massensterben zur Folge hätte, und zwar nur für eine Minderheit auf einen Schlag, für die Mehrheit aber in langen Qualen von Krankheit und Verfall.
>
> Vor alledem haben bedeutende Wissenschaftler und Militärexperten oft gewarnt. Keiner von ihnen wird so

38 Ebd., S. 632.

> weit gehen zu behaupten, dass die allerschlimmsten Folgen mit Gewissheit eintreten werden. Sehr wohl aber behaupten sie, dass diese Folgen möglich sind: Niemand kann sicher darauf bauen, dass sie nicht eintreten werden.[39]

Gerade die hier sichtbare Zurückhaltung mit hundertprozentigen Prognosen zeugt von der Ehrlichkeit des Textes; er atmet den Geist wahrer Wissenschaftlichkeit. Kurz darauf kommt im Text ein Hauch von Sarkasmus ins Spiel, aber ohne dass dies den Ernst der Botschaft trüben könnte:

> Darum legen wir Ihnen folgende Frage vor, eine Frage von harter, unausweichlicher Grauenhaftigkeit: Wollen wir die Menschheit oder den Krieg abschaffen? Diese Alternative möchten die Menschen nicht sehen, weil die Abschaffung des Krieges so schwierig ist.[40]

Diese Überlegungen führen zu einer ersten Forderung, die aber nach Ansicht der Unterzeichner für sich alleine nicht ausreichen wird:

> Wenn ein umfassendes Abrüstungsabkommen eine Einigung über den Verzicht auf Atomwaffen enthielte, so wäre dies zwar keine endgültige Lösung; es würde aber einigen wichtigen Zielen zugutekommen.
>
> Einerseits ist jede Übereinkunft zwischen Ost und West erst einmal von Vorteil, insofern sie dazu beiträgt,

39 Ebd., S. 633 f.
40 Ebd., S. 634.

> Spannungen abzubauen. Andererseits: Würden thermonukleare Waffen in beidseitigem Vertrauen abgeschafft, so ließe sich dadurch die Angst vor einem Überraschungsangriff nach dem Muster von Pearl Harbor verringern; gegenwärtig hält die Angst davor beide Seiten in einem Zustand hochnervöser Anspannung gefangen. Daher sollten wir ein solches Abkommen begrüßen, wenn auch bloß als einen ersten Schritt.[41]

Dass jedoch viel mehr erforderlich ist, kommt im abschließenden Appell an die Staatsmänner zum Ausdruck, der an den Anfang des Memorandums zurückführt:

> Wir appellieren als Menschen an Menschen: Erinnern Sie sich Ihrer Menschlichkeit, und vergessen Sie den Rest. Falls Ihnen das gelingt, steht der Weg zu einem neuen Paradies offen. Falls nicht, riskieren Sie den Tod der ganzen Menschheit.[42]

Seine letzte Unterschrift setzte Einstein zwei Tage vor seinem Tod unter Russells Memorandum. Die Zitate machen deutlich, dass sich Russells Pazifismus nicht auf einen verantwortungsethischen Utilitarismus reduzieren lässt. Ein entscheidendes Element trat hinzu: Unmittelbar in die Abschätzung der Politikfolgen flossen Russells Sorgen um das Überleben der Menschheit wegen der Atomkriegsgefahr ein; er gab die kühle Sachlichkeit auf und warnte fast wie

41 Ebd..
42 Ebd., S. 635.

Kassandra im Ton einer düsteren Prophezeihung vor den Gefahren der Eskalation.

Russell blieb in den folgenden Jahren vorsichtig und traute den politisch Verantwortlichen nur wenig. Wie richtig er damit lag, bewahrheitete sich während der Kubakrise im Herbst 1962, sollte aber erst Jahrzehnte später ans Tageslicht kommen: Nach Ablauf der 25-jährigen Sperrfrist wurden 1987 die geheimen Tonbandmitschnitte der Diskussionen im Weißen Haus während der Kubakrise öffentlich zugänglich; ausführliche Auszüge und eine eingehende Analyse erschienen ein Jahr später auf Deutsch.[43] Erst seitdem konnte man einschätzen, wie knapp die Welt seinerzeit einem Atomkrieg entgangen war und wie sehr das bislang gängige Narrativ von der rationalen Beherrschung dieser Krise durch John F. Kennedy (1917–1963) in die Irre geführt hat.[44]

14. Kubakrise

Was war geschehen? Im April 1961, nicht lange nach der Revolution in Kuba, hatte die damalige amerikanische Regierung unter Kennedy durch eine glücklose Gewaltaktion mithilfe von Exilkubanern versucht, das neue Regime Fidel Castros (1927–2016) zu stürzen. Obgleich schon die geplante Landung an der Schweinebucht scheiterte, traten nun die amerikanischen Ordnungsvorstellungen für die Region endgültig zutage: Den Amerikanern ging es um Realpolitik.

43 Greiner 1988.
44 Für eine neuere Darstellung siehe Pommerin 2022, Plokhy 2021.

Es war absehbar, dass Castro sich um auswärtige Unterstützung bemühen würde und ihm die Sowjetunion als natürlicher Verbündeter erscheinen musste. Und im Nachhinein lässt sich nachvollziehen, warum deren kommunistische Führung unter Nikita Chruschtschow (1894–1971) der verrückten, jedenfalls hochgefährlichen Idee verfallen konnte, die von Amerika zwei Jahre zuvor stationierten, atomar bestückten Jupiterraketen in der Türkei heimlich durch eigene Atomraketen in unmittelbarer Nähe Amerikas auszugleichen.[45]

Russell war einer der Ersten, der die große Gefahr voraussah, die dem Weltfrieden durch eine Ost-West-Konfrontation direkt vor der Haustür der Vereinigten Staaten drohte. Schon im Februar 1962 schrieb er:

> Kuba ist ein souveräner und unabhängiger Staat, der alles Recht hat, seine Angelegenheiten nach eigenem Gutdünken zu regeln. Jede Intervention der Vereinigten Staaten in Kuba könnte zu einem Atomkrieg führen. Ein solcher Krieg würde unsere Zivilisation zerstören und vermutlich die ganze Menschheit vernichten. Erinnern wir uns unserer Menschlichkeit – und vergessen wir den Rest![46]

Ende August desselben Jahres scheint Russell von der kubanischen Botschaft Warnungen über die bevorstehende Konfrontation erhalten zu haben. Er reagierte am 3. September 1962 mit einer Stellungnahme, die er dem britischen *Guardian* anbot:

45 Ebd., S. 84–89.
46 Russell, zit. nach: Monk 2000, S. 439.

> Wenn die Vereinigten Staaten in Kuba einmarschieren, so kann dies gefährliche kriegsartige Handlungen Russlands provozieren. Sollte die Sowjetunion Kuba Truppen und Waffen zur Verfügung stellen, so steigert dies die Wahrscheinlichkeit unkluger kriegsartiger Handlungen seitens der Amerikaner – mit der Gefahr eines unmittelbar bevorstehenden Weltkriegs. Diese Situation erfordert, dass die Amerikaner definitiv auf den Einmarsch in Kuba verzichten und dass die Sowjets das kommunistische Kuba nicht mit Waffen unterstützen. Jede übereilte Handlung einer der beiden Seiten kann in eine weltweite Katastrophe führen.[47]

Russell benannte die zu befürchtenden Fehler der einen wie der anderen Seite mit gleicher Deutlichkeit. Beide Seiten müssen Kompromisse eingehen, so seine Botschaft.

Der *Guardian* lehnte es ab, den Text zu veröffentlichen. Offenbar hielt man Russells Warnungen für überzogen – zu Unrecht, wie sich bald herausstellen sollte. Tatsächlich hatten die Sowjets bereits in aller Heimlichkeit damit angefangen, auf Kuba Stellungen für Boden-Boden-Raketen zur Bestückung mit Atomsprengköpfen zu bauen.

Als die amerikanische Luftaufklärung Mitte Oktober 1962 den fortgeschrittenen Bau der Stellungen dokumentiert hatte (ohne freilich die Bestückung der Sprengköpfe oder die anvisierte Reichweite der Raketen mit hinreichender Zuverlässigkeit einschätzen zu können), überschlugen sich die Ereignisse. Zu diesem Zeitpunkt waren sowjetische Schiffe mit Kurs auf Kuba unterwegs, die allen Anlass

47 Ebd., S. 440.

zur Vermutung boten, dass ihre Fracht für die Vervollständigung der nuklearen Bedrohung nordamerikanischer Ziele vorgesehen war.

Nach endlosen Kontroversen im Kreis seiner Berater entschied sich Kennedy gegen einen Einmarsch amerikanischer Truppen und verhängte stattdessen eine Seeblockade; er kündigte an, alle sowjetischen Schiffe zu versenken, die Kuba ansteuerten und sich nicht von den Amerikanern durchsuchen lassen würden. Binnen weniger Tage drohte der Ausbruch direkter Kampfhandlungen zwischen sowjetischen und amerikanischen Soldaten.

Niemals zuvor hatte der Philosoph nach eigener Aussage so viel Angst um die Menschheit.[48] Es war eine virtuose Leistung seines Frühwarnsystems: Noch bevor Kennedy in seiner dramatischen Rede vom 22. Oktober die Seeblockade ausrief, hatte Russell bereits seine erste Warnung vor der unmittelbar drohenden Katastrophe veröffentlicht. Er forderte jedermann auf, sich Kennedys Rede genau anzuhören – und dann sofort protestierend auf die Straße zu rennen, falls Kennedy direkt oder indirekt mit Krieg drohen sollte.

Unmittelbar nach Kennedys Rede sandte Russell alarmierte Telegramme an Kennedy und Chruschtschow. Dem amerikanischen Präsidenten schrieb er:

> Ihre Reaktion eine Tat der Verzweiflung. Bedrohung des Überlebens der Menschheit. Völlig ungerechtfertigt. Verurteilung durch die zivilisierte Menschheit. Wir wollen keinen Massenmord. Ultimatum bedeutet Krieg. Ich

48 Russell 1963, S. 28.

spreche nicht im Namen irgendeiner Macht, sondern flehe Sie im Namen der zivilisierten Menschheit an: Beenden Sie diesen Wahnsinn.[49]

Und dem sowjetischen Gegenspieler Kennedys kabelte er im selben Atemzug Folgendes:

> Ich appelliere an Sie, sich nicht von ungerechtfertigter Reaktion der Vereinigten Staaten mit Blick auf Kuba provozieren zu lassen. Die Welt wird Vorsicht unterstützen. Drängen Sie auf Verurteilung durch Vereinte Nationen. Überstürzte Reaktion könnte Auslöschung der Menschheit bedeuten.[50]

Während sich die sowjetischen Schiffe der Demarkationslinie näherten, suchte die amerikanische Regierung verzweifelt nach diplomatischen Kontakten zur sowjetischen Führung; im Weißen Haus hatte man keine zuverlässigen Informationen darüber, wie weit die sowjetische Führung gehen wollte – und ob sie zur Deeskalation auch nur fähig wäre. Wer würde einen ersten Schritt auf die Gegenseite zugehen?

In dieser dramatischen Situation, in der jedem Beobachter der Atem stockte, reagierte Chruschtschow direkt auf Russells Telegramm mit allerersten Signalen der Nachgiebigkeit; die Antwort an Russell wurde in allen großen Tageszeitungen zitiert. Von der amerikanischen Regierung

49 Russell, Telegramm an Kennedy vom 23. Oktober 1962, zit. nach: ebd., S. 31.

50 Russell, Telegramm an Chruschtschow vom 23. Oktober 1962, zit. nach: ebd., S. 31 f.

wurde sie als Bitte um einen gesichtswahrenden Rückzug aus der Konfrontation gewertet.

Man kann darüber streiten, ob, und wenn ja: wie stark Russells Telegramme die Wendung der Kubakrise zum Guten hin beeinflusst haben. Vermutlich hätte Chruschtschow auch ohne Russell einen Weg finden können, um seine Nachrichten an den Westen gut sichtbar unterzubringen.

Dennoch könnten Russells Telegramme hilfreich gewesen sein; sie kamen von einem damals weltweit hochrespektierten Mann, dessen redlichen Einsatz für den Frieden niemand bezweifeln konnte: Er hatte sich alle erdenkliche Mühe gegeben, zwischen den beiden ideologischen Blöcken der Ost-West-Konfrontation neutral zu bleiben.

In diesem Sinne antwortete Russell Chruschtschow, und zwar wieder per Telegramm:

> Danke für Ihre ermutigende Antwort. Ich gratuliere Ihnen zu Ihrem mutigen Einsatz zugunsten der Vernunft. Wie ich hoffe, werden Sie Ihre Schiffe von den kubanischen Hoheitsgewässern so lange fernhalten wie erforderlich, um amerikanische Zustimmung zu Ihren Vorschlägen zu gewinnen. Ganze Welt wird Sie preisen, wenn Sie Krieg erfolgreich abwenden. Sollte ich irgendetwas dazu beitragen können, lassen Sie es mich bitte wissen.[51]

Und an Kennedy telegraphierte er:

51 Russell, Telegramm an Chruschtschow vom 24. Oktober 1962, zit. nach: ebd., S. 38.

Ich möchte Sie dringendst bitten, auf Chruschtschows entscheidendes Angebot kompromissbereit zu reagieren und Zusammenstoß mit den russischen Schiffen lange genug aufzuschieben, um Treffen und Verhandlungen möglich zu machen. Nach einem Schusswechsel wird es vermutlich zu spät sein. Ich appelliere an Sie, Chruschtschow zu treffen. Sollte ich irgendetwas tun können, lassen Sie es mich bitte wissen.[52]

Kennedy, der das erste Telegramm Russells ignoriert hatte, sah sich jetzt doch zu einer Reaktion gedrängt und schrieb einigermaßen ungehalten:

Ihr Telegramm liegt mir vor. Derzeit diskutieren wir die Angelegenheit in den Vereinten Nationen. Während Sie sich in Ihren Stellungnahmen kritisch gegenüber den Vereinigten Staaten äußern, fehlt darin jeder Hinweis auf eine Sorge angesichts der Stationierung geheimer Raketen in Kuba. Meiner Ansicht nach sollten Sie sich besser auf die Einbrecher konzentrieren als auf diejenigen, die die Einbrecher gefasst haben.[53]

In seiner Antwort verzichtete Russell wohlweislich darauf klarzustellen, dass Kuba kein Staatsgebiet der USA ist und dass daher von Einbruch keine Rede sein könne; stattdessen suchte er weiter konstruktiv nach Lösungen:

52 Russell, Telegramm an Kennedy vom 24. Oktober 1962, zit. nach: ebd.

53 Kennedy, Telegramm an Russell vom 26. Oktober 1962 (gemäß britischer Zeitzone), zit. nach: ebd., S. 45.

Sehr geehrter Herr Präsident Kennedy, danke für Ihre Antwort auf meine Telegramme. Ich verstehe Ihre Sorge wegen der Nuklearraketen [auf kubanischem Territorium]. Mir geht es darum, dass Sie die Menschheit mit der Seeblockade und der Drohung, sowjetische Schiffe zu versenken, an den Abgrund der Auslöschung führen. Ich flehe Sie an, nicht in Kuba einzumarschieren und keinen Atomkrieg zu riskieren. Könnten Sie UN-Inspektionen der Raketenstellungen akzeptieren und im Gegenzug die Preisgabe Ihrer Raketenstellungen in der Türkei anbieten?

Die Entfernung gewisser Rasketensilos aus der Grenznähe zur Sowjetunion würde sofort Amerikas Ansehen als Friedensmacht stärken und eine vergleichbare sowjetische Antwort nach sich ziehen.

Ich appelliere an Dr. Castro, UN-Inspektionen zu akzeptieren im Tausch gegen Ihre feste Zusicherung, dass die Vereinigten Staaten nicht in Kuba einmarschieren. Es steht in Ihrer Macht, eine besorgniserregende Krise in eine Situation voller Hoffnung zu überführen. Friedensinitiative Ihrerseits würde Ihnen die Dankbarkeit der ganzen Welt einbringen.[54]

Russell konnte nicht wissen, dass Chruschtschow inzwischen einen geheimen, verblüffend nachgiebigen Brief an Kennedy verfasst hatte.[55] Einen Tag später veröffentlichte die sowjetische Seite einen weit weniger nachgiebigen

54 Russell, Telegramm an Kennedy vom 26. Oktober 1962, zit. nach: ebd., S. 45 f.

55 Vgl. zum Folgenden Greiner 1988, bes. S. 97–162.

Vorschlag – und trieb die Amerikaner damit an den Rand des Wahnsinns. Nach einer weiteren Nacht, in der das Schicksal unseres Planeten bedroht war, gab Moskau nach.

Bis heute gilt Kennedys Sieg im Atompoker weithin als Triumph westlicher Vernunft und als nachahmenswertes Muster. Russell sah es anders.[56] Ein Blick in die Archive scheint ihm recht zu geben. Laut den Gesprächsprotokollen aus dem Weißen Haus stocherten die Amerikaner im Nebel und hatten nicht die leiseste Ahnung, wie Chruschtschow kurz vor der endgültigen Eskalation reagieren würde.[57]

Schlimmer noch, sie ahnten nicht, dass bereits taktische Atomwaffen auf Kuba einsatzbereit waren und der sowjetische Befehlshaber vor Ort autorisiert war, sie im Fall eines Angriffs durch die Amerikaner einzusetzen, und zwar ohne Rücksprache mit Moskau. Diese Tatsachen kamen erst auf einer Tagung Anfang 1992 ans Tageslicht, in deren Verlauf die russische und kubanische Seite den anwesenden Protagonisten aus dem Westen wie dem ehemaligen Verteidigungsminister Robert McNamara (1916–2009) einen nachträglichen Schock bereiteten.[58] Um Haaresbreite hätten die Amerikaner einen solchen Angriff gestartet.

Wäre es dazu gekommen, so hätte das nicht mit hundertprozentiger Sicherheit das Ende der Menschheit bedeuten müsssen. Mit einer gehörigen Portion Glück hätte die Geschichte immer noch gut ausgehen können. Russell aber wusste besser als Kennedy und Chruschtschow, dass

56 Russell 1963, S. 53.

57 Siehe die Originalprotokolle aus dem Weißen Haus, insbesondere diejenigen vom 28. Oktober 1962, in: Greiner 1988, S. 335–391.

58 Siehe z. B. Schwelien 1992, S. 15; Plokhy 2021.

sich die Menschheit auf solche Glücksspiele besser nicht verlassen sollte: Auf Dauer ist das einfach zu riskant.

Ein ganzes Menschenalter, fast 70 Jahre lang, hat Russell vor den Gefahren großer Kriege gewarnt. Diese Warnung gilt auch für das 21. Jahrhundert. Heute verfügen mehr Länder denn je über Atomwaffen. Auch außerhalb dieser Hauptgefahr für unsere Fortexistenz kann uns der Fortschritt der Waffentechnik und die große Verbreitung ihrer Errungenschaften das Fürchten lehren. Zudem sind die politischen Prozesse zur Entscheidung über Krieg und Frieden kein Stück rationaler geworden als zu Russells Lebzeiten; und es erscheint alles andere als tröstlich, dass sich die Künstliche Intelligenz anschickt, sich immer stärker in diese Entscheidungen einzumischen – und damit die menschlichen Entscheidungsträger zu überfordern, sobald es hart auf hart kommt.

In dieser düsteren Lage wirkt Russell wie eine Lichtgestalt. Wir täten gut daran, uns an ihm zu orientieren. In seiner Persönlichkeit kamen vier Faktoren zusammen, die heute so wichtig sind wie im vergangenen Jahrhundert.

Der erste dieser Faktoren liegt in Russells Realismus und Wahrheitsliebe; wie kaum ein anderer hat er vorgeführt, dass Pazifismus nicht mit Träumerei verheiratet sein muss. Ob es um die sinnlose Verheizung großer Teile einer Generation an jungen Männern im Ersten Weltkrieg ging, um den gnadenlosen Blutzoll kommunistischer Revolutionen, um die Gefahren des Luftkriegs oder der atomaren Apokalypse: Wenn Russell im Unterschied zu vielen seiner Zeitgenossen überaus oft richtig lag, dann hat das mit dem zweiten Faktor, mit seiner unbestechlichen Vernunft, zu tun.

Geschärft hatte er seine Vernunft in der Logik und in der

theoretischen Philosophie, doch wie niemand sonst wusste er diese Ressource auch außerhalb des gelehrten Elfenbeinturms einzusetzen. Dazu bedurfte es einer gehörigen Portion Mut, dem dritten Faktor. Nicht, dass Russell sein Leben riskiert hätte im Einsatz für den Frieden – so weit musste er nicht gehen. Sein Mut war weniger spektakulär, aber darum nicht minder wichtig. Es war der Mut dessen, der fähig ist, unerschrocken seine Stimme gegen die herrschende Meinung zu erheben.

Das war für ihn kein Selbstzweck. Angetrieben wurde Russell, so der vierte Punkt, von einer weltumspannenden Liebe zur Menschheit. Diese Liebe lief nicht auf weltfremde Mystik hinaus; am ehesten lässt sie sich mit der elterlichen Liebe vergleichen. Aus Sorge um ihre Kinder sperren Mütter und Väter ihre Augen auf, um Gefahren früh zu erkennen und tatkräftig abzuwehren. Ungefähr so verhielt sich Russell zur Menschheit.

Diese selbe Menschheit bedarf damals wie heute der Vernunft, des Mutes, der Wahrheit und der Liebe eines Russell.[59]

59 Ein Teil der hier ausgearbeiteten Überlegungen erschien zunächst unter dem Titel »Wann Streit sich lohnt«, in: *Frankfurter Allgemeine Zeitung*, Nr. 115 (18. Mai 2022), S. N3. Viele chronologisch belegbare Einzelheiten aus Russells Leben habe ich der zweibändigen Biographie von Ray Monk entnommen. Ich danke Derya Yürüyen, Felix Mühlhölzer, Christa Krüger, Ole Engler, Christoph Demian, Kerstin Behnke und den Mitgliedern meines wissenschaftsphilosophischen Kolloquiums für wertvolle Hinweise und wichtige Kritik. Enya Blohm-Sievers und Derya Yürüyen haben mir überdies in einer staunenswerten Parallelaktion und mit größter Geschwindigkeit bei der Endredaktion, der Bibliographie sowie den Zitaten geholfen.

Zum Autor

BERTRAND RUSSELL (1872–1970) gilt als einer der Begründer der analytischen Philosophie. Als junger Logiker entdeckte er die Antinomie der Mengenlehre und stürzte dadurch die Mathematik in eine Grundlagenkrise. Die zur Krisenbewältigung gemeinsam mit Alfred North Whitehead (1861–1947) verfassten *Principia Mathematica* waren ein Meilenstein der logischen Grundlagenforschung. Während des Ersten Weltkriegs gab er seine Position am Trinity College im englischen Cambridge auf und setzte sich mit Nachdruck für Frieden ein; seither ist er als Pazifist bekannt. Er war viermal verheiratet, hatte drei Kinder und musste wegen seines Antikriegseinsatzes zweimal ins Gefängnis. Den Lebensunterhalt bestritt er aus seinen Honoraren für Vortragsreisen und Buchveröffentlichungen; insgesamt veröffentlichte er über 60 Bücher, in denen er provokante Thesen zur theoretischen Philosophie, zur Erziehung, zur Sexualmoral, zur politischen Macht, zur Religion sowie zu Krieg und Frieden verfocht. Die Modernität, Klarheit und Eleganz seiner Essayistik brachte ihm 1950 den Literatur-Nobelpreis ein.